领导力
全项修炼

廉勇 / 著

中国华侨出版社
·北京·

前言

　　成为受人尊敬的杰出领导者，是每个管理者的愿望，同时也是每个管理者面临的巨大挑战。那么，一个成功的领导者应具备哪些素质？怎样成为一个成功的领导者呢？

　　其实领导并不是职务地位，也不是少数人具有的特权专利，而是一种为明确的目的而进行的积极互动。通俗地讲，领导就是引导团队成员去实现目标的过程，主要包括领导者的领导技巧；在团队中员工的人际关系、沟通、冲突管理以及团队建设和维持；企业的战略目标的制定和决策；战略实施中的执行，以目标为导向的组织变革和组织创新等方面。因此，作为优秀的领导者，就需要具备引导、授权、关系管理、战略制定和执行管理、领导创新和组织变革的能力。

　　从根本上说，一个优秀的领导者必须具备强大的人际影响力。其实在一个组织中，每一个人都会去影响他人，也要受他人的影响，从这个意义上说，每个组织成员都具有潜在的和现实的领导力，只是强弱不同而已，作为身在其位的领导者，当然是其中影响力最强者。在组织中，领导者和成员共同推动团队向着既定的目标前进，从而构成一个有机的系统，在系统内部具有以下几个要素：领导者的个性特征和领导艺术、员工的主观能动性、领导者与员工之间的积极互动、组织目标的制定以及实现的过程。系统是否正常运转，取决于各要素能否协调地发展。而各要素协调发展的关键就在于领导者和其他成员之间的互动。使双方互动形成统一的认识、情感和行为活动，是领导者成功领导的必要条件。

我们身处一个变化的时代，变化产生机会，也带来风险与压力。在速度变快、关系更加错综复杂的今天，无论是组织，还是我们自己都比以往更需要优秀的领导者。如何突破和提升领导力，如何由一个领导自己的人成为一个领导他人的人，再成为一个卓越的领导者，是当前面临的迫切需要解决的问题。

领导是一门艺术，成功的领导者不是先天生就的，而是通过后天的学习和实践锻炼出来的。

目录

CONTENTS

第一章

战略能力修炼：企业是船，战略是帆

超前意识成就领先

超前意识是什么？超前意识就是谋划久远。企业要想有更好的发展，就必然要看清潮流，掌握发展趋势，确保企业决策的前瞻性。假如企业管理者对发展思路、目标都不明确，对发展趋势不敏感，不善于长远思考、规划未来，那么这样的企业就会从走弯路到走下坡路，又谈何发展呢？

二十几年前，诺基亚还是一家濒临倒闭的小公司，之所以现在会一跃成为著名的移动电话生产商，其中一个成功的秘诀就是，企业管理者很早就看到了手机市场的发展前景，他们预料，世界移动电话的需求量会在不久的将来进入高速增长期。

因此，在确定以手机生产作为发展战略后，诺基亚把手机之外的所有业务或剥离，或出售。在超前的意识和行动下，诺基亚始终站在手机生产的最前沿。诺基亚领导者们审时度势的超前意识、高瞻远瞩的眼光，使他们最早占领了手机市场。

凡事预则立，不预则废。每个企业的发展都离不开市场，但是市场又是发展变化的，当前，企业之间的竞争异常激烈，相互之间不仅仅是人才、资本、产品和技术水平的比较，同时也是行动与速度的对抗。俗话说，"抢先一步赢商机"，如果不善于谋划未来，只是鼠目寸光，关注当前，那么就会失去未来潜在的效益，企业的发展就没有后劲。

1931年，美国著名企业家哈默从苏联回到美国。这时，美国正在进行总统换届选举。哈默通过深入分析，认定罗斯福会获胜。哈默知道，罗斯福喜欢喝酒，他一旦竞选成功，1920年公布的禁酒令就会被废除。到那时，威士忌和啤酒的生产量将会十分惊人，市场上将需要大量的酒桶用以装酒。这里面蕴藏着巨大商机。用来制作酒桶的木材非一般木材，而是经过特殊处理的白橡木。哈默在苏联生活多年，他知道苏联盛产白橡木。于是，他立即决定返回苏联订购白橡木。

哈默将这些木材运到美国，在纽约码头附近设立了一间临时的酒桶加工厂，作为应急的储备。同时，他在新泽西州建造了一个现代化的酒桶加工厂，取名哈默酒桶厂。哈默酒桶厂开业的时候，禁酒令尚未解除，所有的人都觉得他是个疯子。然而，当哈默的酒桶生产线日趋成熟的时候，罗斯福下令解除了禁酒令。人们对威士忌的需求量急剧上升，各酒厂的生产量随之直线上升，急需大批酒桶。此时，哈默早已给酒厂准备好了大量酒桶。生产酒类的厂家很多，而大规模生产酒桶的工厂只此一家，哈默酒桶厂的赢利远远超过了酒厂。

领先变化，就要有远见，要能够准确判断未来的发展趋势，就要在趋势变成事实之前做好准备。超前的战略意识能够使企业成为行业标杆。

哲学家奥里欧斯有一句话："我们的生活是由我们的思想造成的。"思想上的超前，必然带来行动上的超前，个人发展如此，企业发展更是如此。在市场竞争激烈的今天，每一名企业管理者都应该具有超前的战略意识，具备博学善思的素质。要想走在市场变化的前面，就必须提前了解、研究客户和消费者的潜在需求，通过不断挖掘市场潜力、拓宽产品的市场份额来获得更大的赢利空间，这样才能战胜对手，在市场竞争中取得优势。

战略是带有航标的冲锋号

企业战略规划是将目标明晰、合理、规划、分解、实施的组织行为。杰克·韦尔奇说："掌握自己的命运，否则将被别人控制。"随着全球化的不断深入，企业面临的竞争环境越来越严峻，怎样取得竞争优势是企业经营管理者的首要任务。做好长期经营规划，掌握变量者，就是未来赢家。

得州仪器公司就遇到过多元化发展的诱惑。该公司是最早发明单芯片处理器的企业，这一发明标志着个人电脑时代的来临，也奠定了得州仪器公司在行业中的地位。20世纪80年代初，得州仪器一直是全球第一大半导体公司，经营涉及笔记本电脑、企

领导力
全项修炼

业软件、数字信号处理器等多项业务。各个业务板块发展不错，但不是最好，各业务在业内排名皆在第十名左右，只有数字信号处理器业务排名业内第一。

公司领导者曾经为是否维持这种发展局面召开过多次会议，经过慎重选择，他们决定将笔记本电脑、企业软件等业务全部卖掉，将全部精力与资金投在数字信号处理器的模拟领域。他们认为，未来市场竞争将会更加激烈，只有全力竞争才能成功，于是选择了最具有前景的数字信号处理器和模拟领域。

这一战略是成功的，它使得州仪器创造了今天在半导体领域的辉煌基业。在全球半导体公司排行榜中，得州仪器以年营收近134亿美元的规模，成为位居英特尔和三星之后的世界第三大半导体供应商。在通信芯片领域，得州仪器堪称霸主，全球约50%的移动通信系统手机芯片市场占有率无人能敌。

市场形势是多变的，未来也是变幻莫测的，企业管理者的最大任务是使企业在多变的市场中始终走在清晰、科学的发展道路上。这就需要企业管理者做出正确的发展规划，为企业未来发展指明方向。进行战略规划不能保证企业经营一定成功，但不进行战略规划，企业就会遭遇危机。

找到未来的发展重点

制定战略的过程，就是为企业未来发展进行选择和定位的过程。战略确定企业有所为，有所不为，战略代表着企业未来的发展重点，结合企业自身资源以及外部环境，优秀的战略选择可以为企业的持续竞争优势赢得空间。在这一空间中，企业具备对手所不具备的能力，并通过努力经营，不断强化这一优势，成为核心竞争力。

但是，市场是充满各种诱惑的，各种诱惑致使企业一步步走进自己不擅长或没有任何竞争优势的空间，其结果往往是付出沉痛的代价，甚至是全军覆没。

太阳神集团曾经名噪一时。1987年底，太阳神的前身黄江保健品厂在广东东莞黄江镇挂牌。随后，黄江厂参加了由国家体委举办的全国第一次保健品评比活动，该厂生产的拳头产品万事达生物健在此次评比活动中一举获得了"中国运动营养金奖"。广大媒体进行广泛报道，社会知名度一下子上升到空前高度。1988年初，生物健技术的持有人怀汉新辞去公职，投入黄江保健品厂，专注于运作企业。8月，黄江厂的厂名、商品名和商标统一更改为"太阳神"，产品在市场上获得巨大成功，当年实现销售收入750万元，1990年，销售额跃升至惊人的2.4亿元。

为了图谋更大发展，怀汉新重金聘用一批青年才俊换下了一同创业的 9 位高层元老，并为太阳神导入当时颇为先进的 CI（企业形象识别系统）战略。1993 年，太阳神的销售额高达 13 亿元，市场占有率高达 63%。在此时，被胜利冲昏头脑的怀汉新开始企业多元化发展。1993 年，太阳神接连上马了 20 多个项目，其中包括房地产、石油、贸易、酒店业、化妆品、电脑等，在全国各地进行大规模的收购和投资活动。

多元化战略让太阳神付出了惨重代价。短短两年间，太阳神投入这些项目中的资金高达 3.4 亿元，全部打了水漂。1995 年底，太阳神在中国香港上市后，股价直跌，1997 年亏损 1.59 亿元，股价一度跌至 9 分港币左右。尽管此时怀汉新主动从总裁位置上引退，请来哈佛工商管理硕士王哲担任企业总裁，但为时已晚，太阳神从辉煌顶峰从此跌入深谷。业内人士在评价太阳神发展历程时说，正是未能抵挡住多元化发展的诱惑，使其在后期发展过程中失去了商业重点，期望全面开花，结果全线败退。

无论在哪个发展阶段，企业一定要清楚自己的发展重心，成功的企业大多数只投资一个行业，如同重拳出击一样，在这个行业里夯实自己的根基，然后图谋扩张。

联想集团就曾经经历了一个自我调整的过程。2002 年 12 月 7 日，联想集团股份有限公司对外界宣布：以 17.5 亿美元收购 IBM 公司旗下的笔记本电脑部门。联想集团在全球的个人电脑市场份额增至 8%，销售额达 120 亿美元，一跃成为世界第三大个人电脑厂商，仅次于戴尔与惠普。由此可见，联想已将主要精力放在了电脑这一经营主业上。这一收购，表明联想集团高层对联想之前发展战略的修正。

几年前，联想曾多面出击，如同许多大型企业一样，陷入多元化发展陷阱。手机市场上流淌着的巨大利润、互联网的遍地黄金、餐饮行业巨大的利润蛋糕……面对诱惑，联想开始进入这些行业，推行产业多元化发展战略。几年后，当一组组巨额亏损的数字摆在联想高层的面前时，他们知道自己为禁不住诱惑付出了巨额账单。痛定思痛，联想转而踏踏实实做自己的优势核心业务——个人电脑，这才有收购IBM一幕的发生。

不管企业实施何种形式的战略，其目的都是在确定企业的未来发展重点。企业应该把发展重点放在具有竞争优势的业务上，稳定而具有相当竞争优势的主营业务，是企业利润的主要源泉和生存基础。企业应该通过保持和扩大自己熟悉与擅长的主营业务，尽力扩展市场占有率以求规模经济效益，把增强企业的核心竞争力作为第一目标。成功的企业在经营领域的选择上，都是首先确定自己的主营业务，积极培养核心竞争力，再以此为基础，考虑下一步发展方向。

领导力
全项修炼

切合实际并考虑利益相关者

企业的战略规划，不是根据战略理论所描述的美好前景去生搬硬套，而是要根据自身的情况来制定。企业的发展就好比建筑楼阁，需要在坚固的地基上一层层、严谨有序地进行，每个步骤都应该认真对待，这样才能保证不会出现豆腐渣工程。

海尔公司的经营战略的脉络是：首先坚持 7 年的冰箱专业经营，在管理、品牌、销售服务等方面形成自己的核心竞争力，在行业占据领头羊位置。1992 年开始，根据相关程度，逐步从高度相关行业开始进入，然后向中度相关、无关行业展开。首先进入核心技术（制冷技术）同一、市场销售渠道同一、用户类型同一的冰柜和空调行业，逐步向黑色家电与知识产业拓展。这种符合企业现实情况的战略规划，保证了海尔品牌的长青。

企业管理者不能把战略规划当成流行新装，因为企业只有一步一个脚印地发展，才能建成参天大厦。如果企业设定了不符合实际情况的发展目标，必将付出沉重的代价，甚至被市场淘汰。企业的战略目标不应是空洞的策划、规划，而应该是符合企业发展规律和满足企业利益相关者的科学决策。战略规划应该根据企业的实际情况来进行，单凭战略的理论和案例去发展企业，一切都是纸上谈兵，最终只会一败涂地。

另外，企业管理者在制定企业发展战略时，一定要考虑好利益相关者的利益。利益相关者是指任何一个影响公司战略制定或执行的相关团体或个人，包括员工、客户、供应商、股东、银行、政府，以及能够帮助或损害公司利益的其他团体。

　　现在已经是信息高度透明的时代，企业发展对外部环境的要求在增强，如何正确处理和协调企业内部各利益团体之间，以及企业与外部各利益团体之间的关系的问题日益突出。管理者不应该仅仅将企业利润最大化作为制定战略的唯一目标，而应该关注在企业未来发展过程中与其他利益团体的协同问题。企业管理者一定要学会在与利益相关者打交道的过程中如何趋利避害，从而实现双赢或共赢。

以目前决策指挥未来

　　德鲁克说，决策是使大量分歧的时间幅度同步化为现在的一台时间机器。我们只有在目前才能做决策，但目前的决策要立足长远，绝不能只是为了目前。最权宜、最机会主义的决策也许一时解了燃眉之急，却可能在不久的未来，使公司为它承担更多的责任。

苹果电脑公司诞生在一个旧车库里，它的创始人之一是乔布斯。苹果公司的成功，在于他们把电脑定位于个人电脑，普通人也可以操作。这具有划时代的意义，因为在此之前，电脑是普通人无缘摆弄的庞然大物，它不仅需要高深的专业知识，还得花上一大笔钱才能买到手。

乔布斯推出供个人使用的电脑，这引起了电脑爱好者的广泛关注。更为重要的是，苹果公司还开发出了麦金塔软件，这也是软件业一个划时代的、革命性的突破，开创了在屏幕上以图案和符号呈现操作系统的先河，大大方便了电脑操作，使非专业人员也可以利用电脑为自己工作。苹果公司靠着这一系列的实力，诞生不久就一鸣惊人，市场占有率曾经一度超过 IBM。

然而，进入 20 世纪 90 年代后，网络经济迅速发展，苹果公司未能抓住这一契机，市场占有率急剧萎缩，财务状况日趋恶化，亏损额高达数亿美元。苹果公司想出了各种办法，但都没有产生太大的效果。

就在苹果公司上上下下愁眉苦脸之际，IT 界传出一个震惊的消息：微软总裁比尔·盖茨宣布，他将向自己的竞争对手——陷入困境的苹果电脑公司投入 1.5 亿美元的资金。比尔·盖茨向苹果注入资金是出于商业目的。

苹果作为曾经辉煌一时的电脑霸主，尽管元气大伤，但它的实力仍不可小觑。在这个时候，很多电脑公司包括微软的一些竞争对手如 IBM、网景等，都利用苹果此时的窘境，提出与苹果合作，以达到和微软竞争的目的。显然，如果微软不与苹果合作，对手的力量就会更强大。

另外，美国《反垄断法》规定，如果某个企业的市场占有率超过规定标准，市场又无对应的制衡商品，那么这个企业就应当接受垄断调查。如果苹果公司垮了，微软公司推出的操作系统在软件市场的占有率就会达到92%，必然会面临垄断调查，仅仅是诉讼费就将超过从苹果公司让出的市场中赚取的利润。

这时和苹果合作，微软就可以把苹果拉到自己这一边。苹果和微软的操作软件相加，就基本上占领了整个计算机市场，微软和苹果的软件标准就成了事实上的行业标准。当然，微软实力比苹果强大，微软不会在合作中受制于苹果。

如果比尔·盖茨只看到了苹果公司衰落对微软的近期利益，而没有看到苹果的倒闭在未来对微软的一系列不利影响，那微软公司必然遭受"城门失火，殃及池鱼"的麻烦。对于未来危机熟视无睹是一个企业衰败的前兆，很多颇有远见的管理者在这方面都是非常重视的。

美国百事可乐公司是国际著名的大企业，在公司事业如日中天的时候，总经理韦瑟鲁普开始担心汽水市场将会走下坡路，同业之间的竞争也会变得更加激烈。于是，韦瑟鲁普制造了一场危机。

韦瑟鲁普和销售部经理重新设计了工作方法，重新规定了工作任务，要求年收入增长率必须达到15%，否则企业就会失败，百事可乐公司也将不复存在。这一要求有些危言耸听，但在一定程度上反映了市场竞争的激烈程度以及可能会产生的后果。最终，韦瑟鲁普完成其在公司生涯中最艰巨的一次行动，即被他称为"末日管理"。

百事可乐公司的末日管理法，充分运用了各类资产，使公司的现有设备等得到了最大限度的利用，减少了资金的占用，使得资产的循环周转顺畅起来，一些日常管理的节奏也快速起来，公司的经济效益不断提高，事业也蒸蒸日上了。

末日管理就是企业从决策层到生产第一线都在强烈的危机感下运行。这源于对未来的超前忧患意识，在当今市场条件下尤为可贵。我们从众多的企业盛极而衰的变迁中可以看出，企业最好的时候，可能就是走下坡路的开始，产品最畅销的时候，往往是滞销的开端。许多企业在顺境中，神气十足，盲目乐观，被眼前的繁荣冲昏了头脑，不愿去开发新产品，不愿去开拓市场，坐吃山空，不思进取。久而久之，优势没了，市场也随之消失，企业的经营跌进低谷，从此一蹶不振，这种情形在一些亏损和倒闭的企业屡见不鲜。

战略规划并不涉及未来的决定，它所涉及的只是目前决策的未来性。决策只发生在目前。战略决策者所面临的问题不是明天应该做什么，而是今天必须为不确定的未来做哪些准备工作。管理者有责任以未来的眼光关注企业的发展，在危机来临之前就把它消灭在摇篮里。

第二章

决策能力修炼：抓大放小，准确而果断地拍板

决策要"牵牛鼻子"

领导者就是要高屋建瓴、统揽大局,"抓住重点,带动一般","突破难点,搞活全局",抓住主要矛盾,找准重点问题,这样才能做出正确的决策。这种领导艺术,人们更喜欢用"牵牛鼻子"来做比喻。一头硕大的水牛,怎样驱使它?推它、打它都不灵,唯有牵着牛鼻子,牛才会乖乖地听人使唤。领导做决策也一样。

唐朝末年,浙江以东的裘甫起兵叛乱,不久就攻占了几个城池,朝廷任命王式为观察史,镇压叛乱。王式一到任上,就立即命人将县里粮仓中的粮食发给饥民。众将官迷惑不解,都说:"您刚上任,军队粮饷又那么紧张,现在您把县里粮仓中的存粮散发给百姓,这是怎么回事呢?"王式笑着说:"反贼用抢粮仓中存粮的把戏来诱惑贫困百姓造反,现在我向他们散发粮食,贫苦百姓就不会强抢了。再者,各县没有守兵,根本无力防守粮仓,如果不把粮食发给贫苦百姓,等到敌人来了,反而会用来资助敌人。"果然,在叛军到达后,百姓纷纷奋起抵抗,几个月的工夫,叛乱就被平定。

王式眼光敏锐,牵住了"牛鼻子"——粮食这个工作重点,轻而易举就平定了叛乱。

日本著名经营管理学家镰田胜说："优秀的领导者，都是把力量集中到一点上，靠全力以赴攻关才取得了一般人不能取得的卓越成果，其秘密就是如此简单。"他还说："如果一个领导在一个岗位干了很长时间仍不知道关键的工作，那就是一个不合格的领导。"这话说得不错。领导者如果心无定性，遇到什么事情就干什么事情，不能分清工作的主次、轻重、缓急，牵不住"牛鼻子"，只知道胡子眉毛一把抓，到了最后肯定是一无所获。那么，怎样才能在做决策时牵住"牛鼻子"呢？

（1）登高望远，树立全局意识。要提高抓住问题关键的能力，必须培养领导的全局意识和大局观念，坚持在全局下思考、在全局下行动。对关键决策部署和长远目标任务等一定要了然于胸；对本组织发展面临的机遇和挑战、优势和劣势，一定要心中有数，目光要远大，对未来的发展趋势判断要准确，不为局部利益所诱惑，不被暂时的困难所吓倒，要通过谋长远、抓关键来最大限度保护发展潜力，激发发展活力，并从中积聚更厚重的发展后劲，为组织和谐发展打下坚实的基础。

（2）做决策，信息工作要做足，预测是关键。领导要明确是否已经掌握了足够的信息和必要的事实。前面的工作是否严格按照科学决策的程序要求进行，是否扎实，有无漏洞，是否具有充分而可靠的信息保障。充分而可靠的信息是科学决策的基础。只有掌握了丰富、及时、准确、适用的尽可能多的材料，并在此基础上积极对组织未来的发展趋势做出预测，领导才有可能抓住

领导力
全项修炼

问题的关键，做出比较准确、全面、成功的决策。

（3）以执行为前提，抓住关键环节。对于一个组织而言，决策固然重要，关键还在落实。没有落实，再正确的决策也不会发挥其应有的作用。如果领导在做决策时没有落实的观念，忽视了落实，不抓落实，那么，再缜密的计划、再正确的政策，都只能成为一纸空文。领导做决策要以执行为前提，抓住落实这个关键环节。

从这几个关键入手，可以从最基本的大方向上规避决策失误，只有牵住了"牛鼻子"，决策才能顺利进行，顺利执行。

做决策要遵循的原则

决策是一门科学，如何做好准确的决策分析至关重要。领导者要想做出准确的决策分析，就必须遵从科学的决策原则。从实践来看，领导者要想做出准确的决策，应遵循以下几条基本原则。

1.选准目标原则

决策目标是指要达到的目的，决策目的明确与否，直接关系到决策效果的好坏。决策目标明确了，选择就会有依据，行动就会有针对性；决策目标不明确，选择就会发生偏移，甚至会造成南辕北辙的惨痛后果。在进行决策前，领导者要善于发现问题、分析问题，找出问题的症结所在，做出准确的决策。

2. 信息准确原则

现代决策涉及各方面的因素，领导者需要取得比较广泛的准确信息。如果信息是"一鳞半爪"或"道听途说"，决策的依据就不可靠。领导者必须深入调查，获取全面的、准确的信息，才能做出符合客观规律的决策。

3. 系统的原则

这是决策的灵魂。任何决策都应从整体出发，以整体利益为重。一切局部的、暂时的利益都要服从全局的、长远的利益。然而，全局利益又包含于局部利益之中。这个全局和局部的辩证关系，是系统原则的精髓。只有坚持这个原则，才能使决策促进全局和局部的协调发展。

4. 可行性原则

决策方案必须切实可行，否则即使是完美的方案，也只是纸上谈兵。要想知道决策方案是否可行，就要对其有利因素和不利因素、主观条件和客观条件做出周密而细致的分析。对已形成的多种方案的利弊得失，必须认真地做出定量和定性的分析比较，做出评估。只有经过审定、评价、可行性分析后的决策，才能有较大的把握和可实现性。

5. 集体决策的原则

在企业的起步阶段，主要靠个人的经验决策。决策的正确与否，主要取决于决策者的个人学识、经验和胆略等。但在企业的壮大阶段，决策的内容是很复杂的，个人的经验决策已行不通了，要吸收多方面的意见。特别要听取专家的意见，进行充分的分析，然后集中正确合理的内容，才能做出科学的决策。

6. 分层次、多系统决策的原则

分层次、多系统决策就是根据总的决策目标，由各个层次、各个系统进行具体目标的决策，也就是把总的目标变成各个层次、各个系统的具体责任。这样，才能最终实现决策目标。一般情况下，上级领导不应过多地干涉下级决策，更不能代替下级决策，而应让他们根据实际情况自主决策，这样可以增强各级组织的责任，调动他们的积极性，从而实现总目标。

充分获取有效信息

信息是产生决策意识的萌芽阶段，任何决策目标的确立和决策备选方案的提出都是对信息进行总结、归纳的结果。

1975 年初春的一天，美国亚默尔肉食加工公司的老板正躺在沙发上看报纸，突然，他看到一则令他大为惊诧的短讯："墨西哥将流行瘟疫。"

这位老板立刻推测，如果墨西哥有瘟疫，必定会从加利福尼亚和得克萨斯两州传入美国，而这两州又是美国肉食供应的主要基地。一旦这两地瘟疫盛行，那么全国肉类供应就必定紧张。

于是，在证实了这个消息的可靠性之后，他立即倾囊购买得克萨斯州和加利福尼亚州的生猪和牛肉，并及时运往美国东部。

不出所料，从墨西哥传来的瘟疫很快就蔓延到美国西部几个州。美国政府立即严禁这些州的食品外运。于是美国全境一时肉类价格暴涨，肉类奇缺。

亚默尔公司数月内净赚 900 万美元，一时占尽风光。

正是亚默尔公司的老板掌握了有效信息，做出的决策给公司带来了巨大的利润，可见信息在决策中所起的重要作用。我国古代的《孙子兵法·谋攻》中指出："知彼知己者，百战不殆。"其中的"知"归结起来，就是收集信息的意思。现代决策理论的首创者西蒙也认为："决策过程中至关重要的因素是信息联系，信息是合理决策的生命线。"从某种意义上说，领导者能否做到正确决策取决于他占有的信息量的多少。

领导者在决策之前应该掌握哪些信息呢？主要有两个方面的信息：任务信息和背景信息。这两种信息虽然都与决策制定有关，但领导者仍有必要弄清自己正在寻找的信息和已经获得的信息分属哪一类。

任务信息是指管理者为完成工作需要掌握的信息。在这个方面，管理者对这种信息的定义会与普通员工迥然不同。例如，管理者比普通员工更关心来自战略伙伴和战略竞争对手的信息。任务信息一般有 3 种形式：第一种是有关工作职务的基本信息；第二种是反馈信息，这类信息必须通过便于利用的方式，及时、准确地传递给使用者；第三种是与提高工作中所运用的技能和知识有关的信息，包括培训资料在内。

背景信息是为了判断自己的任务和决策是否与外部大环境相符。背景信息主要包括企业宗旨、相关产业信息、企业领导层之间讨论公司战略的会议内容等。背景信息对于确保管理者从全局角度看待自己的工作具有极其重要的作用。离开了背景信息，领导者制定的决策就会脱离实际，成为空中楼阁。福特公司在位于布里奇恩德的新工厂中的做法是这方面的一个典型例子。作为结束管理层与工会长期对立状态的举措之一，该公司与工会达成协议，向员工公开所有的商业信息。一位工会代表对这一举措的评价是：布里奇恩德工厂的管理者与工会有着一个共同的目标，就是要使企业日益繁荣昌盛。

在现代信息高速发展的社会，互联网技术日益成熟，使信息的全球共享成为可能。众所周知，互联网是目前最大的信息集中地，而互联网就是以资源共享为目的而建立起来的信息平台，它极大地丰富了信息来源，也极大地提高了信息传播速度，使人们能够通过多种渠道，以最快的速度收获信息资源。然而，大量的信息往往使决策者面临两难甚至多难境地。

作为企业的领导者，在决策之前如何才能掌握自己需要的信息呢？

首先，领导者要对信息具有高度敏感性，这样才能获得自己所需要的信息。

其次，信息时时刻刻都在不断地变化、不断地更新，新的信息产生、旧的信息淘汰，领导者应紧跟信息更新步伐，及时掌握信息，提高决策工作效率。只有使领导者及其团队掌握更加真实的信息，才能使决策更加科学化。

综上所述，决策是一项背靠历史、立足现实、面向未来的主题活动。因此，领导者在进行一项决策前，必须全面掌握对决策有利的信息作为决策依据，这样才能使决策更加理性、更加科学。

把握决策的时机

几乎所有的领导者都明白决策的重要性，但是，很多领导者仍然会出现决策失误。有人认为，他们之所以出现这些问题，是因为不会决策或者是决策内容不当，但实际上，导致决策失败的另外一个原因往往起了更大作用，那就是决策时机把握不当。

有些领导者处处谨小慎微，害怕风险，即使事情迫在眉睫也不敢拿主意，企图得到有关决策对象全部的信息资料，寻找到所有的决策方案，希望能够准确地预测各种备选方案可能产生的后

领导力
全项修炼

果，从而选择出最优的决策方案。殊不知，等到做出了一个看似正确的决策时，却已时过境迁，落后于客观事物的发展，变成了"马后炮"决策。

对此，美国的企业家李·艾柯卡曾有一番颇为精彩的议论。艾柯卡曾对接任福特汽车公司总裁的菲利普·考德威尔说过："菲利普，你的问题就出在你上过哈佛大学，你所受到的教育是，在你没有获得全部事实根据之前不采取行动。你即使已经得到了95%的事实根据，你也还得花上6个月的工夫去得到其余的5%，而当你得到100%的事实根据时，它们已经过时了，因为市场情况变了。这就是生命的含义——时间性。"因此，艾柯卡的结论是：即使是正确的决策，如果决定迟了，也会是错误的。

现代企业的领导活动十分复杂，领导者所面临的环境不是静止的，而是不断发展变化的。在做决策时过分强求信息完整、规划完整很可能导致错失良机。记住：贻误时机是决策之大忌。

决策时机并不等于决策速度，把握好决策时机的决策应该是张弛有度的。有些决策基于稍纵即逝的机遇和刻不容缓的威胁，领导者必须利用手中的信息尽快做出决策。但有些情况下，领导者并不需要马上做出决策，广泛收集信息，静观事态发展才是明智之举。

根据时间的轻重缓急，我们可以把决策分成如下几种，决策者应根据不同的时间压力，分别采取不同的决策。

1. 紧急事件的决策

这类决策要求领导者必须能够马上做出反应，立刻采取措施应对危机。例如，有消费者向媒体举报企业产品有质量问题。这类决策等不得，通常是越快越好，否则会给企业带来更大危机。这类决策通常来不及仔细分析选取最优方案，也不能强调决策范围。这就要求领导者根据自己的管理经验，立即做出决策。

2. 等待时机的决策

问题已经出现，但还不明朗，决策的时机还没到来。这类决策可以等待时机成熟或到了问题逐渐明朗时再做决定。

3. 最优决策

在这类决策中，有多种方案可供决策者选择。尽管快速做出决定也重要，但有效的决策取决于对各种方案的分析和评价，取决于决策方案选择得是否合理。对这种决策，找到最佳方案相比决策速度更重要。

4. 无关紧要的决策

这类问题的决策既无时间的要求，也无须追求最佳方案，随便什么时间、采取什么方案都可以。对这类决策，有时间及早决策，没时间可以扔在一边，等有时间再做。

然而在实际工作中，领导者并不能完全按照问题本身的需要来选择决策时机，还往往受到个人性格的影响。于是英国学者德斯迪拉夫根据领导者的决策速度，又将做出决策的领导者区分为兔子型和乌龟型两种。

领导力
全项修炼

1. 兔子型

优点：能够快速吸收观点和信息，可以在较短时间内对所发生的情况有一个大致了解；能够找到他人难以发现的捷径；能够随时做出决策；对机遇和威胁迅速做出反应；当机立断；在必要时能够进行现场指挥；能够抓住各种变化带来的机遇。

缺点：易犯"欲速则不达"的错误；对细节问题不耐烦；对复杂问题浅尝辄止；对那些使事情进展放慢的人看不顺眼，尤其是对乌龟型的领导者，认为他们是笨蛋，没有必要时也爱现场发挥；注意力有限；只看问题的一面。

2. 乌龟型

优点：收集复杂详尽的信息，形成完整的意见，从正反两方面看待问题；当事情进展较预期慢时，能够保持足够的耐心；做事有始有终；深挖问题的实质，注重细节；目光着眼于长远。

缺点：在不必要的细节上耽误时间；瞧不起那些脑门儿一拍就能得出结论的人，特别是兔子型的领导者，认为他们不称职；对机遇和威胁不敏感；看不到关键决策的紧迫性；做事不分主次；优柔寡断。

由此可见，在把握决策时机时，领导者除了要抓住问题的实质，还要认清自身的性格特点，注意发挥自己个性中的优点，克服个性中的缺点。

第三章

识人能力修炼：
做优秀下属的“伯乐”

优秀人才具有哪些品质

领导者选择人才，首先要看人才的品行，因为具备优秀品质的人才才是可塑之才。一般而言，优秀的人才都具有以下八种品质。

1. 进取心与责任心

进取心是使个体具有目标指向性和适度活力的内部能源，认真而持久的工作是个体事业成功的前提，而具有进取特质的个体也就具有了职业成功的心理基石。责任心强的人往往能够审时度势，选择适度的目标，并持久地、自信地追求这个目标，所以责任心强的人事业更容易成功。

2. 自信心

自信为个体在逆境中开拓、创新提供了信心和勇气，也为怀疑和批评提供了信心和勇气，自信总能使自己的好梦成真。没有自信心的人会变得平庸、怯懦、顺从。喜欢挑战、战胜失败、突破逆境是自信心强的人的特点。

3. 自我力量感

虽然人的能力存在差别，但只要个体具有中等程度的智力，再加上善于总结经验、教训，善于改进方法和策略，那么，经过主观努力之后，许多事情都是能够完成的。因此，可以把成功和失败归因于努力水平的高低和工作方法的优劣。

4. 情绪稳定性

稳定的情绪对技术性工作有预测力。冷静、稳定的情绪状态为工作提供了适度的激活水平。焦虑和抑郁会使人无端紧张、烦恼或无力，恐惧和急躁易使人忙中出乱。

5. 自我认识和自我调节

优秀的人了解自己的长处和短处以及与组织环境的关系，善于调节自己的生涯规划、学习时间等。

6. 社会接纳性

社会接纳性指在承认人人有差别和有不足的前提下接纳他人。社会接纳性是建立深厚个人关系的基础，领导者应真诚地对他人及他人的言语感兴趣，在其言语表达时认真倾听并注视对方。

7. 社会敏感性

社会敏感性指对人际交往性质和发展趋势的洞察力和预见力，善于把握人际交往间的逻辑关系。行动之前要思考行为的结果，设身处地地想一想他人的处境，乐于与人交往，能设身处地地体察他人的感受。

8. 社会影响力

社会影响力指有以正直和公正为基础的说服力，有使他人发展和合作的精神，有一致性和耐力；善于沟通和交流；具有自信心、幽默等对情感的感染力，仔细、镇静、沉着等对行为的影响力，仪表、身姿等对视觉的影响力，忠诚和正直等对道德品质的感染力。

如果一个人具备以上八种品质，那他就是一位不可多得的人才。

人不可貌相，海水不可斗量

人不可貌相，海水不可斗量。领导者不能被下属的外表所迷惑，应该由表及里，通过观察现象认清他的本质，看出下属的"庐山真面目"。

当一个应试者衣冠楚楚地站在你的面前时，或许你会赏心悦目于他的外表，但要记住：华丽的外表与能力的大小不一定成正比。企业需要的是有能力的人，而不是时装模特或电影明星。一个穿着普通的人也许会成为企业业务发展的栋梁之材。

怎样才能避免仅以貌识人的错误呢？作为一位领导，要想迅速而有效地识别和发现潜在人才，应注意以下几点。

1. 观其行，看其追求

一个人的行为，体现了一个人的追求。任何一个人，一旦进入了自己希望进入的角色，就会为了保住这个角色而多多少少地带点"装扮相"，而那些处在一般状态中的人才，他们既没有失去角色的担心，又不刻意寻觅表现自己的机会，所以，他们的言行都比较质朴自然。领导者如果能在一个人才毫无装扮的情况下透视出他的"真迹"，而且这种"真迹"又包含和表现出某种可贵之处，那么大胆起用这种人才，十有八九是可靠的。

2. 听其言，识其心志

潜在的人才大多尚未得志，他们在公开场合说假话的机会极少，因此他们的话，绝大多数都是在自由场合下直抒胸臆的肺腑之言，是不带"颜色"的本质之言，因而更能反映和表达他们真实的思想情感。

3. 闻其誉，察其品行

善于识别人才的人，应时刻保持头脑清醒，有自己的独到见解，不受"语浪言潮"所左右。对于已成名的显露的人才，不跟在吹捧赞扬声的后面唱赞歌，反而应多听一听负面意见；对于未成名的潜在的人才所受到的赞誉，则应留心在意。这是因为，人们大多有"马太效应"心理，人云亦云者居多，大家说好，说好的人越发多起来；大家说不好，说不好的人也会随波逐流。而当人才处在潜伏阶段时，是不会受到"马太效应"影响的。再者，人们对他吹捧没有好处可得。所以，人们对潜在的人才的称赞是发自内心的，所以用人者如果听到大家对一个普通人进行赞扬时，一定要引起注意。

4. 析其能，辨其才华

潜在的人才虽处于成长发展阶段，有的甚至处在成才的初始时期，但既是人才，就必然具有人才的先天素质，或有初生牛犊不怕虎的胆略，或有出淤泥而不染的可贵品格。总之，既是人才，就必然有他不同寻常之处，否则就称不上人才。一位善识人才的"伯乐"，正是要在"千里马"无处施展腿脚之时识别出它与一般马匹的不同，若是"千里马"早已在驰骋腾越之中显出英姿，又何须"伯乐"识别！

领导者通过以上四点，就可以避免以貌取人，从而在实际工作中顺利找到真正的人才。

选人的标准要"严"

领导者选人的标准要"严"，意思就是领导者在为企业选择人才时，对人才的能力素质要有严格的要求，不能什么人都要，萝卜白菜一把抓。

有一篇著名的寓言，说一个人惧怕锋利的剃刀，为了不使自己的脸面受伤，就用一个很钝的锉刀来刮胡须，结果，不但胡子没有刮干净，还刮得满脸是血。他最后说道："世上好多人也是用这种眼光来衡量人才的。他们不敢使用一个真正有价值的人，仅聚集了一帮无用的糊涂虫。"

现代的领导者，应该从这个极富哲理的寓言中获得启迪。

日本企业在选人方面绝对可以说是费尽心机，因为其懂得选人的要义：只有选得严格，才能用得准确，提高管理能力，从而收到预期的效果。

日本企业的员工，之所以工作起来充满激情，首先得益于企业选人有道。日本一家拉链厂为了选派一个车间主任，厂领导先后同应聘的十余位候选人交谈，初步选中一人后，又把他放到好几个科室去分阶段试用，试用合格后才最终留下来。美国国际商用机器公司，是世界著名的高效能企业，该公司领导自称花在人事方面的精力比任何方面都多。该公司的销售代表史蒂夫说："我曾与许多大公司负责招聘的人洽谈过，但是没有一家像国际商用机器公司问得那么详细，在他们决定录用我之前，至少有十几个人和我谈过话。"可见该公司选人之严。

日本电产公司在选人时标新立异，充分显示了"严"的手段。

该公司招聘人才主要测试3个方面：自信心测试、时间观念测试和工作责任心测试。

自信心测试时，他们让应试者轮流朗读或讲演、打电话。主考官根据其声音大小、谈话风度、语言运用能力来录取。他们认为，只有说话声音洪亮、表达自如、信心百倍的人，才具有工作能力和领导能力。

时间观念测试是看谁比规定的应试时间来得早就录取谁。另外，还要进行"用餐速度考试"。如他们通知面试后选出的60

领导力
全项修炼

名应试者在同一天到公司进行正式考试，并说公司将于 12 点请各位吃午饭。考试前一天，主考官先用最快的速度试吃了一碗生米饭和硬邦邦的菜，大约用 5 分钟吃完，于是商定 10 分钟内吃完的人为及格。应试者到齐后，12 点整，主考官向大家宣布："正式考试 1 点钟在隔壁房间进行，请大家慢慢吃，不必着急。"但应试者中最快的不到 3 分钟就吃完了。截止到预定的 10 分钟，已有 33 人吃完饭。公司将这 33 人全部录取了。后来，他们大都成为公司的优秀人才。

工作责任心测试是让新招的员工先扫一年的厕所，而且打扫时不用抹布、刷子，全部用双手。在这个过程中把那些不愿干或敷衍塞责的人淘汰掉，把表里如一、诚实的人留下来。从质量管理角度看，注意把看不到的地方打扫干净的人，不止追求商品的外观和装潢，而且注意人们看不到的内部结构和细微部分，会在提高产品质量上下功夫，养成不出废品的好习惯。这是一个优秀的质量管理者应具备的美德。

日本电产公司正是采用上述奇特的招聘术获得人才，使公司生产的精密马达打入了国际市场，资本和销售额增长了几十倍，获得了巨大的成功。

对人才不能求全责备

赵国有一个人，家中鼠患成灾，于是到中山国去，讨了一只猫回来。这只猫善捕老鼠，却有个爱咬鸡的毛病。过了一段时间，家中的老鼠被捕光了，消除了鼠患，但家中的鸡也被那只猫全咬死了。

于是，儿子问父亲："为什么还不把猫赶走呢？"言外之意是说猫既有功，也有过。

父亲回答说："这你就不懂了。咱们家最大的祸害在于有老鼠，不在于没有鸡。有了老鼠，它们会偷吃咱们家的粮食，咬坏我们的衣服，弄坏我们房子的墙壁，毁坏我们的家具器皿，我们就得挨饿受冻，不除老鼠怎么行呢？没有鸡，最多不吃鸡肉。赶走了猫，老鼠又来为患，那为什么要赶走猫呢？"

赵国人深知猫的好处远远超过猫所造成的损害，所以不愿赶走猫。日常生活中，确实有像赵国人家的猫那样的人，他们的贡献是主要的，比起他们身上的毛病和他们所做的错事来，要大得多。如果只是盯住别人的缺点和问题不放，怎么去团结人，充分发挥人才的积极性呢？领导者在用人时也应该像这个故事中的赵国人一样，不能求全责备，世上十全十美的人是没有的。只要一个人的长处能为己所用，其短处不会对事业产生危害，就应该大

领导力
全项修炼

胆地使用。

某计算机公司的一位女推销员在与客户周旋时总能游刃有余，谈笑风生，可是一接触文字工作就会束手无策，头痛不已。她说："每当我看见表格、文件，比如与客户会谈的报告、费用表时，我会立刻神经紧张。"针对这种情况，公司老板不是强求她去克服缺点，而是再雇一个人来帮助她处理文字工作方面的事宜，使她能将精力全部投入产品推销方面，她的工作绩效由此提高了一倍。

这个老板无疑是聪明的。如果对这名女推销员弃之不用，肯定是浪费了人才；如果总是强调她改正缺点，就会让她陷入自己不想干、干不好的文字工作中，当她被自己的劣势折磨，就会直接影响她另一特长的发挥。请一个人来协助她，只需耗资新增销售利润中的一点点，不仅经济总账上得远大于失，而且会获得女推销员的感激与忠诚。

南宋戴复古说："黄金无足色，白璧有微瑕。""金无足赤，人无完人"，世界上没有十全十美的人，人总难免有短处与缺陷。面对这样的现实，领导者要如何解决，陆贽给出答案——只求能人，不求完人。他是这么说的："人之才行，自昔罕全，苟有所长，必有所短。若录长补短，则天下无不用之人；责短舍长，则天下无不弃之士。"

子思曾向卫王推荐过苟变："他有可以率领五百辆战车的才能，可任命他为军队的统帅。如果得到这个人，就会天下无敌。"

卫王却说："我知道他的才能可以成为统帅,但是苟变曾经当过小吏,去老百姓家收赋税时,吃过人家两个鸡蛋,所以这个人不能用。"子思开导卫王说:"圣明的人选用人才,就好像高明的木匠选用木材,用它可用的部分,抛开它不可用的部分。现在您处在纷争的时代,要用的是军事将领,不能因为两个鸡蛋就不用能打仗的人才啊!"卫王如梦初醒,马上拜谢说:"愿意接受你的指教。"

苟变的故事告诉领导者,不能因为人才有缺点,就放弃使用他的大才干。鲁迅曾拿书与人才做比较:"倘要完全的书,天下可读的书怕要绝灭;倘要完全的人,天下配活的人也就有限。"那些明智的领导者正是认识到了这一点,不仅会用人之长,还能容人之短,用人不求全责备。他们看重的是人的才干,而不是缺点,不会因为人才有哪一方面的缺陷就放弃使用。

求贤若渴是领导者责无旁贷的职责,但这并不是要求领导者一定要选用十全十美的人才。领导者选人应该将人才的长处、短处都看得清清楚楚,只要这个人的长处能为我所用,短处不会对事业产生危害,那么,就要大胆地使用。

第四章/

用人能力修炼：
用合适的人，做正确的事

知人善任的能力不可少

人才是企业永恒的资本和决定因素，优秀的领导者要具有一双"慧眼"，善识人才，善用人才。识人准确，用人恰当，辨其贤愚，端其良莠，让藏龙腾飞，卧虎猛跃，在激烈的企业竞争中，只有知人善任，才能战无不胜。

"知人"是"善任"的前提条件，用好人才，必须首先做到"知人"。所谓"知人"，不仅应"知"人才的长处和短处，而且要"知"人才的过去和现在，更要"知"人才的将来。例如，有的人雄才大略，既有战略眼光，又有组织才能，可以放在决策部门担任领导工作；有的人思想活跃，知识面广，综合能力强，既有真知灼见，又能秉公直言，可以担任智囊参谋部的工作；有的人铁面无私，耿直公正，执法如山，联系群众，可以从事监察工作；有的人社交能力强，适合采购、推销部门；有的人语言表达能力强，适宜放在宣传教育部门。

所谓"善任"，就是选拔人才加以任用时，领导者要善于发挥人才的长处，克服其短处。善于调动人才的积极性，从各方面为人才才能的充分发挥创造条件。企业用人最忌讳勉为其难。人有共性，也有个性，每个人既有与其他人相同的地方，也有其独

领导力
全项修炼

特的地方。如果领导者能用人所长，那么他就能大显身手，而如果领导者用人所短，勉为其难，那实在是不明智之举。

美国前总统罗斯福就是一个知人善任的人，他于 1933 年上台以后，就雷厉风行地推行大规模的改良政策——"新政"，缓解了美国的经济危机，使美国经济走出困境。

在实施新政过程中，罗斯福针对当时美国严峻的形势，并不以政见取人，只要是有助于恢复经济，无论是持有新思想、新主张的还是具有正统思想的，他都一概将他们吸收到内阁里，从而大大提高了政府的综合决策能力。

罗斯福组织内阁，对内阁成员的任命虽然不拘一格，可是他任命的内阁成员在工作中都发挥了不可估量的作用。最有影响的一个是预算局长道格拉斯，他协助罗斯福实行节约政策，做出了非常出色的成绩，以至罗斯福在就职一个月后就称他为"政府发现的用途很广的最大宝物"。因为道格拉斯把钱袋的绳子抓得很紧，很快他就获得了"决一死战的预算平衡家"这一美名。

值得一提的是，罗斯福的用人智慧完全是建立在"知人"的基础上的。然而现代企业中存在一种误区，一些领导为了显示自己对人才的重视，一开始就授予这些人很大的权力，并给予很高的福利待遇。

尽管这些领导者顺利地留下了人才，但是其带来的消极作用也非常明显：首先，很多人来到企业并不是真的做事，而是看中企业在招聘时开出的职位或待遇，缺乏对企业的认同感；其次，享受这些优待的人才会产生一种莫名的优越感，从而会形成一种不正常的心态，不利于形成踏实的工作作风；再次，其他下属并不一定买他的账，从而不利于人才权威的树立和企业共同理念的形成；最后，由于缺乏经验或者对企业实际的了解，这些人才难免会出现工作上的失误，通常这些工作失误对他们来说是毁灭性的，因为这会使得企业对他们的期望值下降。

因此，企业领导者若想发挥人才真正的潜能，就必须向罗斯福学习，做到"知人善任"。一个领导者是否做到"知人善任"，可以从以下几个方面进行判断。

（1）任用此人是否符合人尽其才的原则，其担子是轻了还是重了？

（2）任用此人是发挥了其长处还是限制了其长处？

（3）任用此人是否符合人才群体结构和理论的要求？

（4）任用此人对面前的工作困难，有没有力量克服？困难来自何方？

（5）此人能否在工作岗位上有所建树？发展趋势如何？

通过对以上问题的反思，领导者可以自我检验"知人善任"的程度，或者可以发现自己过去用人不当之处。

领导者只有充分做好人才的知人善任工作，才能发挥人才的潜能，为企业发展贡献一份力量。否则，就会阻碍企业的发展。

领导力
全项修炼

疑人不用，用人不疑

"疑人不用，用人不疑"的核心就是"信任"。作为一个合格的领导者，具备这样的用人之道，毫无疑问是其最基本的素质之一。但是，在具体运作的时候，很多人会觉得真正做到这一点是十分困难的。

与员工建立良好的信任关系，是领导者试图达到的一种理想的用人状态。所谓"疑人不用，用人不疑"，讲的就是这个道理。问题的关键是：你如何在用权的时候赢得下属的信任，或者如何使下属对你的权力支配心甘情愿呢？一些领导者之所以紧抓住权力，其中一个重要的原因就是不信任下属，怕下属把事情办砸了。因此，领导者放权的一个前提就是信任下属。没有信任，上下级之间很难沟通，很难把一件事处理好，这样，领导用起人来，就很困难，甚至受到阻碍。

信任下属，要做到这一点，必须用人不疑，疑人不用！这就是说，必须是在可以信任的基础上用人，否则可以坚决弃而不用。因为没有信任感地用人，即使委以重任，也形同虚设，起不到应该起的作用。"疑人"是必要的，但不是"用人"的前提。假如一个员工某些方面存在严重不足，已经属于"疑人"范围，要么弃而不用，要么等到条件成熟后再用，不必非要冒险，这是常识。

日本人曾盛誉松下公司创始人松下幸之助为"用人魔鬼"。他在用人方面，就很有一套。

松下幸之助是一位在日本企业界，乃至全世界的企业家中大名鼎鼎的人物，被誉为日本的"经营之神"。在日本现代企业经营史上，获得成功的大小企业家数不胜数，但只有松下幸之助一人被誉为"经营之神"。之所以如此，是因为他不仅是一个白手起家的成功者，而且是一个优秀的企业经营思想家。

松下幸之助的成功，与他的用人之道分不开。松下幸之助可以称得上是用人不疑、疑人不用的企业家的典范。他的秘诀之一，就是充分相信自己的下属，最大限度地调动他们的工作热情和积极性。

在松下幸之助还是个 20 岁的小伙子时，对人的理解就已经达到了相当高的水准。当时日本流行一种用沥青、石棉和石灰等构成的烧制材料。为了维护各自的利益，一般的企业都把这种烧制材料的制作配方作为企业的秘密严加保护，除了亲属，绝不外泄。

但是，年轻的松下幸之助却一反常规，他不仅不对自己的员工保守秘密，而且毫不犹豫地将技术传授给刚招进厂的新职工。有些人很为他担心，松下幸之助却不以为然地说："只要说明原委，新职工是不会轻易背信弃义，随便向外泄露秘密的。重要的是相互信任，否则不仅事业得不到发展，也无法造就出人才。"结果，他的工厂不仅没有发生泄密的事情，而且收到了良好的效果，职工因受到信赖而心情舒畅，生产热情十分高涨。

这件事也让松下幸之助初次尝到了用人不疑的甜头。后来松下幸之助为了扩大市场，需要在西海岸的金泽市开办一家营业所，推销产品，为此必须派出一名主任领导这项工作。在营业所主任的人选上，他看中了一名初中毕业参加工作才两年的年轻人。别人认为这个小伙子没有经验，资历也不够，但松下幸之助坚持己见，破格提拔他为主任。

松下幸之助对这个年轻人说了这样一段话："你已经20岁了，这在古代已是武士到阵前取回敌方大将首级的年龄了。你也有了两年的工作经验，一定可以胜任这个职位。至于做生意的方法，你认为怎样做对，你就怎样去做。你一定会干好的，你要相信自己。"

结果，这个年轻人因为松下幸之助的充分信任而激动万分。他信心十足地率领派给他的两个学徒在新的地点拼命工作，不仅很快打开了局面，而且获得了极大的成功。

这件事一直是松下幸之助最为自豪的事。松下幸之助从这件事得出了这样的结论："人只要有了自觉性和责任心，就有力量去完成乍看起来好像不可能完成的困难任务。"

松下幸之助的用人之道至今在日本的企业界被到处传诵着。他的成功，除了具有胆识和魄力以外，还源于他对人的了解。只有充分了解各种各样的人，才有可能从中发现人才，并将其放到能发挥作用的地方，合理使用人才。银行界大亨摩根把他无数的钱财，全部交给属下分别掌管，这并非是他不重视这些钱财，而是他已经训练出他的属下具有确实负起责任而无疏忽大意的能力。当然，摩根的信任绝非盲目，他先将小的责任交给手下人，待手下人陆续用事实证明自己确实可信任时，再委以重任。

可见企业领导者最好的用人办法是给予员工充分的信任和鼓励，大胆起用人才，做到疑人不用、用人不疑。

关键岗位敢用外人

企业除了要最大限度开发利用好自身的人力资源外，还要善于利用外部的人力资源。借助他人为自己谋利，善于借用他人的力量为自己的企业创造财富。"好风凭借力，送我上青云"，借助他人之力能促进企业少投入、多产出，飞速发展，走向辉煌。尤其在一些关键岗位上，敢用外人，更能体现出领导者的胸怀和魄力。

1.领导者要善于发挥智囊团的作用

现代社会纷繁复杂，政治、经济、文化各个巨大系统纵横交织在一起，而现代科学技术和生产力的飞跃发展，又使社会中的各个系统，都处在不断变化之中。面对如此复杂且不断变化的社

领导力
全项修炼

会，任何高明的领导者，都不可能单靠一己之力做成大事。他还必须借用他人的力量，即发挥智囊人物或团体的决策参谋作用。而智囊人物往往担任企业的关键岗位，领导者要敢用外人，才能有助于获得更多更好的建议，利于企业的发展。

在现代企业，决策具备"断""谋"分家的特点。"断"是领导者的决策，"谋"则是指专门智囊人物或团体想出的各种方案。在领导者决策之前，智囊团积极地发挥作用，为领导者提供各种信息资料，拟订各种可供选择的方案。然后领导者再查看每种方案，做出最后决策。可以说，现代企业领导者的决策正是智囊团"谋"的结晶。因此，任何一位高明的领导者都必须充分认识智囊团的功能，并积极发挥其作用。

2. 尊重贤士，视其为知己

智囊人员并不是在任何时候都表现得很高明，也不是处处比领导者厉害，领导者绝不是事事必须听他们的意见，但是，智囊人员的确是学有专长，在某些方面比领导者了解得更多、更透彻。富有才华的领导者也不可能处处高明，只有借用智囊人员的高明之处，才能真正做到决策中万无一失。因此，领导者切忌刚愎自用，端着架子指使别人，而应该虚怀若谷，宽以待人。只有这样，善于借用外脑，才能算得上是真正高明的领导者。

3. 不设任何限制，任其自主

领导者不应以任何形式把自己的主观意志强加给智囊人员，而只需积极地为他们创造一个独立进行工作的环境。领导者必须尊重他们工作的独立性，不干涉他们的工作，让他们通过研究得出他们自己认为是科学的结论。这样才能真正让智囊团发挥作用。

4. 兼听百家，决断自主

领导者要有"兼听"的胸怀，应认真借助咨询机构的力量，但是又不能为智囊人员的意见所左右。毕竟最终做出决策的还是领导者本人。

俗话说："一个篱笆三个桩，一个好汉三个帮。"一个人再怎么聪明、再怎么能干，终究不过是一个人而已。

作为领导者，最大限度地发挥多数人的主观能动作用，比起只相信自己，只靠自己劳神苦思的孤家寡人策略要高明得多。

善于用人之长，避人之短

《淮南子·道应训》中有记载：

楚将子发非常喜欢结交有一技之长的人，并把他们招揽到麾下。当时有一个其貌不扬、号称"神偷"的人，子发对此人也是非常尊敬，待为上宾。有一次，齐国进犯楚国，子发率军迎敌。由于齐军强大，三次交战，楚军三次败北。正当子发一筹莫展的

领导力
全项修炼

时候，那位其貌不扬的"神偷"主动请战。当天夜里，在夜幕的掩护下，"神偷"将齐军主帅的帷帐偷了回来。第二天，子发派使者将帷帐送还给齐军主帅，并对他说："我们出去打柴的士兵捡到您的帷帐，特地赶来奉还。"当天晚上，"神偷"又将齐军主帅的枕头偷来，然后又于次日由子发派人送还。第三天晚上，"神偷"又将齐军主帅头上的发簪子偷来，次日，子发照样派人送还。齐军士兵听说此事，甚为恐惧，主帅惊骇地对手下们说："如果再不撤退，恐怕子发要派人来取我的人头了。"于是，齐军不战而退。

一个企业需要的人才是多种多样的，同时，每个人也只能够在某一方面或某几个方面比较出色，不可能在各个方面都非常出色。高明的领导者在用人时，不会盯住人才的短处，而是发现人才的长处，让他的某方面特长能为团队的事业做出贡献。

明代永乐皇帝朱棣是一位很有作为的皇帝。他当皇帝二十多年，摸索出了"君子与小人"的一套用人经验。有一次，他和内阁辅臣聊天时谈到用人，对现任的六部大臣逐一评价，说了一句："某某是君子中的君子，某某是小人中的小人。"这两个人当时一个是吏部尚书，一个是户部尚书。

用"君子中的君子"我们很容易理解，举国上下那么多人，为什么朱棣还要让一位"小人中的小人"担任那么重要的职位呢？这正是朱棣用人高明的地方：让"君子中的君子"做吏部尚书，不会结党营私，把自己的门生、亲戚和朋友全部安排到重要岗位上，而是以国家利益为重，为国家、朝廷选拔人才；而让"小人中的小人"做户部尚书，能为了把财税收起来不择手段。朱棣每年的军费开支非常大，正常的财政收入根本无法应付，除了常规的赋税外，每年还必须有大量的额外收入来支撑军费。所以，他必须找一个会给他搞钱的"小人"。

有人说，没有平庸的下属，只有平庸的领导。每个人都是长与短的统一体，任何人只能在某一领域是人才，一旦离开他精通的领域，人才就会变成庸才。因此领导者在用人时，只能是择其长者而用之，恕其短者而避之。任何人的长处，大都有其固有的条件和适用范围。长，只是在特定领域里的"长"。如果不顾条件和范围，随意安排，长处就可能变成短处。

有一位颇具盛名的女园艺工程师，专业上很有造诣。不料被上司选中，一下子提拔为某局局长。结果，女工程师的业务用不上了，对局长的工作呢，既不擅长，又不乐意干，两头受损失，精神很苦恼。这就叫作"舍长就短"。举人者也是出于好心，想重用人才，但由于不懂用人的"长短之道"，反而浪费了人才，造成了新的外行。

领导者应以每个下属的专长为思考点，安排适当的位置，并依照下属的优缺点，做机动性调整，让团队发挥最大的效能。最糟糕的领导就是漠视下属的短处，随意任用，结果总是使下属不能克服短处而恣意妄为。一个成功的领导者，在带领成员时，并不是不知道人有短处，而是知道他的最大任务在于发挥他人的

领导力
全项修炼

长处。

　　然而，如果一个人的短处足以妨碍其长处的发挥，或者妨碍到团队组织的纪律、正常运作与发展时，那么领导者就不能视而不见，而且必须严正地处理了。尤其是在品德操守方面，正所谓：人的品德与正直，其本身并不一定能成就什么，但是一个人在品德与正直方面如果有缺点，则足以败事。所以，领导者要容忍短处，但也要设定判断及处理的准则。

敢于用比自己强的人

　　敢不敢用比自己强的人？这恐怕是领导者在用人中对自己最大的考验，同样也是老板最容易犯的错误。

　　"他都比我强了，那在员工眼里，他是老板还是我是老板？"

　　有些领导者认为：（1）别人比自己强就意味着自己不称职，同时意味着会在员工心目中丧失威信，而后就做不了老板。（2）员工中有比自己强的人，那他一定会对自己的位置虎视眈眈，总想取而代之，不能养虎为患。（3）有能力的人或多或少都是有野心的，明知等他们强大后会自立门户，为何还要给他们创造发展的机会，多个强劲的对手呢？（4）在企业，我称老二，就不能有人敢称老大……

在这种心态的支配下，领导者往往就希望别人无限放大他的才能，而他自己却无限缩小别人的才能。当员工工作取得比领导者好的成绩，获得更多的支持时，领导者就会觉得他们是在树立自己的威信并且威胁到他的领导权。领导者在这种心态支配下，势必会严重挫伤这些员工的积极性。

其实，一个优秀的领导者，想获得成功，不是要处心积虑地去压制属下，而是要想方设法雇用比自己优秀的人，并且让他们受到重用，让这些比自己更优秀的人来效忠自己。

全球零售巨头沃尔玛的总裁李·斯科特，就是一位敢于聘用比自己更优秀的领导者。

1995年，斯科特雇用了一个员工迈克·杜克负责物流工作，向自己汇报。到现在，迈克已经是沃尔玛的副主席了。

当时迈克被提升接管物流部门的同时，斯科特自己也升职了。那一天他正在法国，忽然收到了一封传真，调任他做新的销售部总经理。

这让斯科特有点吃惊，之前他一直负责物流和仓储运输，从来没有从买方的角度来工作。于是他就问老板为什么要自己来负责全球最大零售商的销售，得到的答案是：因为斯科特可以找到一个雇员，做得比自己还好。即使斯科特把销售部搞得一团糟，至少还有迈克可以让物流部保持原样！

正因如此，斯科特一直认为是因为他雇用了比自己更强的人，他才能够走到今天这一步。

凡是想要成大事的人，都应该像斯科特一样，把比自己强的人招揽到自己旗下，并诚心相待。

美国的钢铁大王卡内基的墓碑上刻着："一位知道选用比他本人能力更强的人来为他工作的人安息在这里。"卡内基的成功在于善用比自己强的人。在知识经济时代，领导者就更需要有敢于和善于使用比自己强的人才的胆量和能力。

领导者要想成功，除了敢用比自己强的人外，还要做到以下三点。

（1）领导者要有足够的胆量。因为，任用比自己强的人，往往会产生一种"珠玉在侧，觉我形秽"的危机感。作为一位领导，要想做到乐于用比自己强的人，就必须有胆量去克服嫉贤妒能的心理。那些生怕下级比自己强，怕别人超过自己、威胁自己，并采取一切手段压制别人、抬高自己的人，永远不会成为有效的领导者。所以，领导者敢用和善用比自己强的人，一定要有足够的胆量。

（2）"强者"并不等于"完人"。优秀的人才最可贵的地方就在于他有主见、有创新能力，不随波逐流，不任人左右。真正的人才需要具备很强的创造力，能为组织带来绩效及为领导开创局面，甚至其能力超过领导者。然而，他们也并不就是完人，所以领导者还要有容人之雅量。

（3）要允许失败。失败乃成功之母。在创造性的工作中，失败是常有的事，不能因为他们强，就剥夺他们失败的权利。

领导者只有在敢用比自己强的人的基础上做到以上3点，才能真正保证企业在市场上保持持久的竞争力，且获得成功。

第五章 /

管人能力修炼：
管人先管己，带人要带心

小胜凭智，大胜靠德

《菜根谭》中有句名言："德者事业之基，未有基不固而栋宇坚久者。"意思是说，一个人有高尚品德是其事业的基础，如同建楼，不打牢地基就不能坚固长久。人格低下、品德不端的人，即使一时做出一些成绩，获得一些名利，也不会长久。优秀的领导者需要具备高洁的品德。就像蒙牛集团的开创者牛根生，他是靠德取胜的典范。

"小胜凭智，大胜靠德"，这是牛根生常挂在嘴边的话，因为"德"是长久拥有人心的最佳利器。"想赢两三个回合、赢三年五年，有点智商就行；要想一辈子赢，没有'德商'绝对不行。"

当初牛根生被迫离开伊利，卖掉伊利股票，成立蒙牛时，原来跟随牛根生的兄弟便一起投奔到了牛根生的麾下。

牛根生在和林格尔竖起的蒙牛大旗之所以刚成立就能让在老东家待得好好的兄弟来投奔，这与牛根生的"德商"有着直接的关系。

在伊利工作期间，牛根生曾因业绩突出，而受到公司嘉奖。公司奖励给他一笔足够买一部好车的钱，而他却用这笔钱买了4辆面包车——让自己的直接下属一人有了一部车。

领导力
全项修炼

据与牛根生关系很"铁"的人介绍，当时牛根生还曾将自己的108万元年薪分给了大家。

2000年，和林格尔政府奖励牛根生一台凌志车，价值104万元，而当时比牛根生大8岁的副董事长获得的奖励是一辆捷达车。但是，此时的牛根生并没有打算享受这部豪华轿车，而是提出了与这位副董事长换车。

换车之后，牛根生的女儿很不理解父亲的作为，在很长时间内都用一种怀疑的口吻问牛根生："这部车是不是真的给了邓大爷？"

这正是牛根生所追求的"德"，他想通过这样的行为来向人们传递出一个信息，"牛根生做企业不是为了个人赚钱和享乐"。

据牛根生介绍，在物质方面，自己的各项条件都要比身边的副手差。"我们有两位副总坐的都是奔驰350，我的副董事长坐的是凌志430，雷副总坐的是沃尔沃，而我坐的是一辆小排量的奥迪。"

2005年1月12日，牛根生再次将自己的"德商"发挥到了极致。牛根生宣布将自己个人所得股息的51%捐给"老牛基金会"，49%留作个人支配。在他百年之后，将其所持股份全部捐给"老牛基金会"，并将这部分股份的表决权授予后任的集团董事长，家人不能继承任何股权，每人只可领取不低于北京、上海、广州3地平均工资的月生活费。

对此，有记者问牛根生，在很多人希望将原本不属于自己的东西占为己有的情况下，为什么要将原本就属于自己的财富散尽，难道你的理想就是要建立一个乌托邦吗？

牛根生的答案仍是那老套的4个字：大胜靠德。

不错，"小胜凭智，大胜靠德"，要想获得大的胜利，还需靠"德"！德即道德、德行。细化起来，各行各业都有其道德遵循。德是一种境界，是一种追求，是一种力量，是一种震慑邪恶、净化环境、提升思维、积累学业财源的动力，德能使自己内功强劲，无往而不胜。

不要总是摆架子，以老大自居

很多人都有一个弱点，一朝当了领导，无论官大官小，都希望自己能给人以与之前"不同"的感觉，喜欢以强势的形象出现在下属面前。在这些自以为高明的人看来，领导是下属的统治者，下属是被管理的对象，是"兵"，领导是"老大"，二者有着根本的区别。这样的领导，他们崇尚领导地位的至高无上，认为领导就要有领导的派头，是下属的"头儿"，高高在上，下属只能敬畏他们，在他们面前，下属只能乖乖地努力工作，绝不能捣乱生事。

领导力
全项修炼

如果一个领导者认为自己的下属就应该任由自己驱使，每个下属在自己面前就应该卑躬屈膝，那么这个领导永远也不会有什么成绩，更不会赢得下属的真正尊敬。即使他每天看到的下属都是一个个点头哈腰，他也无法体会到做领导者的快乐。因为在下属眼里，他是一个独裁者，少了真诚的交流与合作，当然也就不会有真正的快乐可言。

所以，真正高明的领导者绝不会在下属面前摆架子，以老大自居。即使他们真的有着可以炫耀的资本，他们也不会因此而摆架子，更不会以"老大"的心态对下属发号施令。

谦虚使人进步，骄傲使人落后。一个在下属面前摆架子，时刻以"老大"自居的领导，绝对不会听取下属的意见，也就不可能做出最佳的决策。而下属也会因为领导的"老大"作风而感到不适，不愿与他相处，时间久了，这样的领导只会被下属孤立。须知，一个被孤立的领导者是不可能获得成功的，因为事业的成功不只是个人能力的体现，更要依赖下属的全力支持。一个平易近人的领导者很容易就能做到这一点，而那些要威风、摆架子的领导者，最终只会让自己成为一个光杆"司令"。

IBM 公司享誉全球。它们的生产和销售份额在全球市场上都占有相当大的比例，而 IBM 之所以有今天的地位和成就，能够发展成今天这样的庞大规模，不得不提到一个以生活理念经营 IBM 的人——董事长汤姆斯·华德逊。华德逊家教很严，从小就受到父亲严格的教育：生活举止要中规中矩，平日待人接物要有敬老尊贤之念，为人处世要诚实谦逊，工作要全力以赴……华德逊把父亲的教诲奉为自己工作和生活的准则，终生信守不渝，"其实不是下属们在为我工作，而是我和下属共同为所有的人工作"，并用这样的信念为 IBM 公司的崛起奠定了良好的基础。

谦逊做人，用个人魅力去影响自己的下属努力工作，而不是靠权术、地位以及"老大"的权威来镇压下属，这不仅仅是一种精神上的顿悟，更是领导者应该具有的行为准则。一个动辄以自己的头衔和地位压人的领导者，不仅不会达到对下属施加影响的目的，反而会把自己与下属分割开来，让自己陷入孤立的局面。因此，只有不摆架子、不以"老大"自居的领导，才能充分发挥自己的领导影响力，保证自己的廉洁和自律的品质，最终赢得下属的认可。

要管头管脚，但不要从头管到脚

管理大师彼得·德鲁克说，注重管理行为的结果，而不是监控行为，让管理进入一个自我控制的状态。为了进入这种状态，管理者应该管好"头"和"脚"。"管头"最重要的是要解决"做什么"和"谁来做"的分配问题；"管脚"则是检查任务完成的结果，而不必从头管到脚，做事必躬亲的"管家婆"。

有句话说："管得少，才能管得好。"很明显，管理者过多的指点对工作毫无益处，反而让下属无所适从。太多的细节会掩盖真正的工作重点。每个人都有自己的工作方式，管理者从头到尾的啰唆，会让下属既不能完全地理解管理者的指点，又无法按照自己的行为方式去发挥。一旦执行中遇到什么挫折，他就会想到管理者，而不是自己想办法处理。同时，这也加大了管理者自身的工作量。

事实上，管理者只需把握好两个关键因素，就能高效地完成任务。

（1）搭好平台，让合适的人到合适的岗位去做事。管理者只需在选"谁来做"的问题上养成对事不对人的习惯，重能力，重结果；对"做什么"的问题有自己透彻的认识，明确战略路线，为下属指明清晰的方向。当合适的人到合适的位置上做事，潜能自然就能激发出来。一旦不良结果开始出现，即使是从组织刚成立时就开始一同打拼的元老，也得坚决调换。

（2）让工作结果成为衡量成败的唯一标准。就如同越野比赛，只要把起点、终点、比赛路径、比赛规则等确定下来，每个人都可以按自己的方式去拼搏。至于谁快、谁慢、谁动作优美、谁动作不到位，观众自然会看得明明白白、清清楚楚。所谓"管脚"，也就是检查下属完成任务的结果，而不必规定下属上午干什么、下午干什么。对于特定的任务，只要给一个完成日期，具体的过程由其自行安排。如此，把实现结果的过程交给下属，又用过程的结果来衡量下属，不失为一种有效的管理方法。

要尽可能地达到完美结果，管理者在"管头""管脚"的过程中还有另外两个要点应该注意。

（1）资源要到位。要想工作高效率，自然得给小组成员配置充分的资金、人员和工具等。正所谓"巧妇难为无米之炊"。身为管理者，必须给下属创造一个宽松、信任并能获得强有力支持的工作环境。

（2）教练指导。教练是不能上场的，只能在场下指导。管理者的角色就像教练一样，应该多一些组织、辅导、制衡，而不是指手画脚、亲力亲为。在日常工作中，碰到紧急棘手的问题，管理者往往不敢放手让下属去干，而是把自己陷入烦琐的事务中去，甚至把事情搞得更糟。殊不知，人才是锻炼出来的，越是看似难办的事情，越是应当让下属突破自己的思维定式，让他去体会、去感悟，才能造就更能为自己出力的下属。

管理者是制定法令以及监督员工完成工作的人，英明的管理者只要成功地驾驭员工就能管理好企业。以摇撼树木为比喻，如果一片一片地去扯树叶，即使累到筋疲力尽也难以达成目标；如果击打树干，大部分的叶子便自己掉下来。捕鱼也是如此，只要牵引网索，鱼群就会掉入网中；如果一个一个地握住网孔，鱼儿便都跑了。

下属是用来完成不同的任务的。管理者只有在管"头"管"脚"

领导力
全项修炼

的基础上，大胆放权，才能让自己举重若轻，并且调动下属的积极性，使之自觉地去做本来就该做，甚至本来不会做的事情。

在管头管脚、明确授权之后，还有一件事情必须贯穿始终，那就是管理的有效监督。牢牢地掌握总目标，放手不撒手，才能对下属进行有效的控制。

管理者授权的全部目的，就在于激励下属为实现组织的总目标而分担更多的责任。现在的组织单位多是一个多因素、多层次的有机整体，整体和局部、整体和环境、局部和局部之间都有着密切的联系，任何局部出现一点点偏差都会妨害组织目标的实现。管理者的根本任务是保证组织总目标的实现。因此，授权以后的管理者，不要过于频繁地过问下属分内的事，比如计划如何制订、工作如何安排、任务如何完成、找谁帮忙完成等，管理者要过问的是下属的目标能否如期实现或需要些什么帮助。作为管理者，要把精力放在议大事、控全局上，时时掌握全局的各个环节，及时掌握新情况，发现管理执行中出现的偏差、矛盾和问题，并对可能出现的偏离目标的现象进行调试和纠正。

管理者的授权，是让下属分担工作，要让其对各自职权范围内的事进行决策和处理，只有当下属之间不协调或发生矛盾时，管理者才出面解决。但授权不是让权，授权以后，管理者的责任还是和下属绑在一起的，不能放任自流，不管不问。如果管理者只是想图省事、享清闲，自己当"甩手掌柜"，那就大错特错了。对于那些把权力都集中在自己手里的管理者也应如此，无所为而又无所不为，在管头管脚中给予下属充分展示的空间，在有效监督中牢牢把握工作的发展态势。

处理员工违纪要保持一致

工作中，管理者经常会遇到"员工违纪"的现象，但在处理这些违纪现象的时候，有些管理者的处理方法却让人不敢恭维。

阿乐是公司的业绩"达人"，每次考核都是公司的前三甲。可最近不知怎的，阿乐上班总是迟到，前两次，主管没说什么。可阿乐迟到的现象并没有好转，第三次迟到，正好被主管逮个正着。于是主管就利用这个机会给了阿乐一次口头警告。阿乐迟到的问题总算得到了解决。

可这下，吴勇有怨言了。

原来，前两天，吴勇也迟到了，不但因此被主管罚了200块钱，还被扣发全勤奖。但主管对阿乐迟到的问题仅仅给予了一次口头警告，为什么对自己就罚钱呢？吴勇心里很不服气，但碍于面子，又不愿找主管谈话，于是这块大石头就堵在了吴勇心里，一直没得到解决。从那以后，吴勇就慢慢觉得公司主管做任何事都偏向阿乐，阿乐业绩优秀也是主管愿意把好的客户源分给他的缘故。

吴勇心想：反正自己再怎么努力，也赶不上人家阿乐，就干脆给他当垫背的好了，谁让主管那么器重人家呢！

一个月后，吴勇的业绩明显下滑了，于是主管找吴勇谈话，询问原因。吴勇说："公司分给阿乐的都是质量好的客户，而分给我们的却是那些劣质的客户，所以业绩才会不如他。"听到吴勇的描述，主管很吃惊："你怎么会有这种想法呢？"

"难道不是吗？"吴勇不满地说，"公司连迟到处分都不能做到公平，还能谈在工作上的公平吗？"

这下，主管知道吴勇闹情绪是上次对两人迟到处分不一致造成的。主管恍然大悟，原来在对员工进行处分时的不一致会给员工心理造成这么大的影响！

俗话说："没有规矩，不成方圆。"企业的规章制度既是对每位员工的要求，又是员工在企业工作过程中的行为准则，同时也是管理员工违纪处理问题的标准和依据。对违纪员工进行处罚本无可厚非，但如果出现这种不一致的情况，就难免要使员工不服了。

现代企业，大多提倡人性化管理，而对员工最大的人性化管理就是公平公正地对待每一位员工。在处理员工违纪这一问题上也不例外。管理者要想做到"一致性"，就要按照公平公正的原则处理。首先要区分"人"与"事"，即对事不对人。接下来，要在"事"上保持一致性。"一致性"不单是要对所有员工一视同仁，而且在每一件违纪事件的处理上保持一致。比如，例子中阿乐迟到3次就只给予警告，而吴勇迟到就被罚款200元，这就叫作"不一致"。"不一致"一则有失公平、公正；二则必然导致双方看法的分歧，而这种分歧必将产生矛盾；三则无论是阿乐迟到还是吴勇迟到，这些违纪现象，企业中会有很多人知道，大家都睁大眼睛看着处理的结果，这也预示着你以后对同类问题的处理态度。如果管理者能够公平公正地处理问题，将在员工心中树立起良好的"榜样"，对以后的工作起到推进的作用；不能够公平公正地处理问题，将给员工留下晦暗的"身影"，不但有损自我的公众形象，更有损于企业的文化建设。

但是保持"一致性"并不是要求管理者没有人情味，对任何情况造成的违纪现象都"一视同仁"。

李慧近段时间以来每隔一天就迟到。王经理虽然注意到了这个情况，但他觉得虽然李慧迟到了，但并没有因此耽误工作，他认为李慧应该不会总是迟到的，所以不提也罢。直到两周后，李慧还是经常迟到。王经理认为，不能因李慧没有耽误工作，就不处理她迟到的问题。因为这对其他员工并不公平。她的许多同事都已经注意到她迟到，如果不加处置，他们也会如法炮制。鉴于此，王经理决定和她谈谈，问她为什么无法准时上班。

在谈到迟到的原因时，李慧的眼眶充满泪水，王经理也看得出她很难过。在表达了自己的歉意之后，王经理问李慧可不可以把事情告诉他，李慧被他的真诚所打动，说出了迟到的真实原因。

原来，李慧的母亲病情恶化，需要进行化疗，李慧必须早上

领导力
全项修炼

送母亲到医院，由于家离医院比较远，很不方便，自己又不想麻烦任何人。所以，她便利用午餐时间赶工作，以保证当天的工作能够及时完成。李慧说："这种情况恐怕还得持续一段时间，因为我母亲的病还需要治疗。"

听完李慧的话，王经理安慰她不要担心，并告诉她在碰到问题时应立刻来找他，如果有特殊需要的话，公司可以允许有弹性工作时间。对于出色的员工，公司也不坚持一定要遵守规定。

这个例子说明，在某些特殊的情况下，是可以允许员工"稍稍"违规的。毕竟，规章制度是人制定的，如果员工真的有特殊情况，比如李慧的情况，如果管理者还要执意地保持"一致性"，就显然有些不近人情了。何况这种情况下保持"一致性"的行为不仅不会得到员工的支持，反而会为自己的管理设置不当的障碍。

第六章／

激励能力修炼：
激活团队潜能的正向领导艺术

建立完善有效的激励机制

强化工作动机可以改善工作绩效，激发出员工的工作热情与努力。这里强调的是管理者所做的一切努力只是一个激发的过程，能真正激励员工的还是他们自己。

要想冲破员工们内心深处那道反锁的门，你必须好好地谋划一番，为你的激励建立一个有效的机制。那么，一个有效的激励机制应该具备哪些特征、符合什么样的原则呢？

（1）简明。激励机制的规则必须简明扼要，且容易被解释、理解和把握。

（2）具体。仅仅说"多干点"或者说"别出事故"是根本不够的，员工们需要准确地知道上司到底希望他们做什么。

（3）可以实现。每一个员工都应该有一个合理的机会去赢得某些他们希望得到的东西。

（4）可估量。可估量的目标是制订激励计划的基础，如果具体的成就不能与所花费用联系起来，计划资金就会白白浪费。

一个高效激励机制的建立，企业的管理者需要从企业自身的情况，以及员工的精神需求、物质需求等多方面综合考虑，更新管理观念与思路，制定行之有效的激励措施和激励手段。具体来说，应该做到以下几点。

1. 物质激励要和精神激励相结合

管理者在制定激励机制时，不仅要考虑到物质激励，同时也要考虑到精神激励。物质激励是指通过物质刺激的手段来鼓励员工工作。它的主要表现形式有发放工资、奖金、津贴、福利等。精神激励包括口头称赞，书面表扬，给予荣誉称号、勋章……

在实际工作中，一些管理者认为有钱才会有干劲，有实惠才能有热情，精神激励是水中月、镜中影，好看却不中用。因此，他们从来不重视精神激励。事实上，人类不但有物质上的需要，更有精神方面的需要，如果只给予员工物质激励，往往不能达到预期的效果，甚至会产生不良影响，美国管理学家皮特就曾指出：
"重赏会带来副作用，因为高额的奖金会使大家彼此封锁消息，影响工作的正常开展，整个社会的风气就不会正。"因此，管理者必须把物质激励和精神激励结合起来，才能真正地调动广大员工的积极性。

2. 建立和实施多渠道、多层次的激励机制

激励机制是一个永远开放的系统，要随着时代、环境、市场形势的变化而不断变化。因此，管理者要建立多层次的激励机制。

多层次激励机制的实施是联想公司创造奇迹的一个秘方。联想公司在不同时期有不同的激励机制，对于 20 世纪 80 年代的第一代联想人，公司主要注重培养他们的集体主义精神和满足他们的物质需求；而进入 90 年代以后，新一代的联想人对物质要求

领导力
全项修炼

更为强烈，并有很强的自我意识，基于这种特点，联想公司制定了新的、合理的、有效的激励方案，那就是多一点空间、多一点办法，制定多种激励方式。例如让有突出业绩的业务人员和销售人员的工资和奖金比他们的上司还高许多，这样就使他们能安心现有的工作。联想集团始终认为只有一条激励跑道一定会拥挤不堪，一定要设置多条跑道，采取灵活多样的激励手段，这样才能最大限度地激发员工的工作激情。

3. 充分考虑员工的个体差异，实行差别激励的原则

企业要根据不同的类型和特点制定激励机制，而且在制定激励机制时一定要考虑到个体差异。例如女性员工相对而言对报酬更为看重，而男性员工则更注重提升能力、得到升迁；在年龄方面也有差异，一般20~30岁的员工自主意识比较强，对工作条件等各方面要求比较高，而31~45岁的员工则由于家庭等原因，比较安于现状，相对而言比较稳定；在文化方面，有较高学历的人一般更注重自我价值的实现，他们更看重的是精神方面的满足，例如工作环境、工作兴趣、工作条件等。而学历相对较低的人则首先注重的是基本需求的满足；在职务方面，管理人员和一般员工之间的需求也有不同。因此，企业在制定激励机制时一定要考虑到企业的特点和员工的个体差异，这样才能收到最大的激励效果。

4. 管理者的行为是影响激励机制成败的一个重要因素

管理者的行为对激励机制的成败至关重要，首先，管理者要

做到自身廉洁，不要因为自己多拿多占而对员工产生负面影响；其次，要做到公正不偏，不任人唯亲；最后，管理者要经常与员工进行沟通，尊重支持员工，对员工所做出的成绩要尽量表扬，在企业中建立以人为本的管理思想，为员工创造良好的工作环境。此外，管理者要为员工做出榜样，通过展示自己的工作技术、管理艺术、办事能力和良好的职业意识，培养下属对自己的尊敬，从而增加企业的凝聚力。

建立有效的、完善的激励机制，除了做到以上几点之外，还要注意以下两方面的问题：

1. 要认真贯彻实施，避免激励机制流于书面

很多管理者没有真正认识到激励机制是其发展必不可少的动力源，他们往往把激励机制的建立"写在纸上，挂在墙上，说在嘴上"，实施起来多以"研究，研究，再研究"将之浮在空中，最终让激励机制成为一纸空文，没有发挥任何作用。管理者一定要避免这种情况的发生，将激励机制认真贯彻实施。

2. 要抛弃一劳永逸的心态

企业的激励机制一旦建立，且在初期运行良好，管理者就可能固化这种机制，而不考虑周围环境的变化和企业的变化，这往往会导致机制落后，而难以产生功效。管理者应该根据时代的发展、环境的变化不断改革创新激励机制。

人才是企业生存与发展的关键，如何在企业有限的人力资本中调动他们的积极性、主动性和创造性，有效的激励机制是必不

领导力
全项修炼

可少的。因此，管理者一定要重视对员工的激励，根据实际情况，综合运用多种方式，把激励的手段和目的结合起来，改变思维模式，真正建立起适应企业特色、时代特点和员工需求的有效的激励机制，使企业在激烈的市场竞争中立于不败之地。

有效的 13 条激励法则

员工是企业生存与发展的基石，企业要发展，就必须依赖员工的努力。因此，激励员工发挥所长，贡献其心力，是管理者的首要责任。

以下介绍 13 种激励法则，帮助员工建立信任感，激励员工士气，使员工超越巅峰，发挥他们的创造力、热情，全力以赴地工作：

（1）不要用命令的口气。好的管理者很少发号施令，他们都以劝说、奖励等方式让员工了解任务的要求，并去执行，尽量避免直接命令，如"你去做……"等。

（2）授权任务，而非"倾倒"工作。"授权"是管理的必要技巧之一。如果你将一大堆工作全部塞给员工去做，便是"倾倒"，这样员工会认为你滥用职权；而授权任务则是依照员工能力派任工作，使他们得以发挥所长，圆满地完成。

（3）让员工自己做决定。员工需要对工作拥有支配权，如果他们凡事都需等候上司的决策，那么他们就容易产生无力感，失去激情。不过员工通常并不熟悉做决定的技巧，因此管理者应该告诉员工，不同的做法会有哪些影响，然后从中选择。

（4）为员工设立目标。设立目标比其他管理技能更能有效改善员工表现，不过这些目标必须十分明确，而且是可以达到的。

（5）给予员工升迁的希望。如果公司缺乏升迁机会，管理者最好尽量改变这种情况，因为人如果有升迁的希望，可激励他努力工作。假如你不希望以升迁机会提高人事成本，起码也要提供一些奖励办法。

（6）倾听员工的意见，让他们感觉受到重视。尽可能每周安排一次与员工聚会，时间不用很长，但是借此机会员工可以表达他们的想法与意见，而管理者则应用心记录谈话内容，以便采取行动。

当然，你未必同意每位员工的要求，但你不妨用心倾听，因为员工会因为你的关心而努力工作，表现更好。

（7）信守诺言。好的管理者永远记得自己的承诺，并会采取适当行动。如果你答应员工去做某些事，却又没有做到，那将失去员工对你的信赖。

因此，你不妨经常携带笔记本，将对方的要求或自己的承诺写下来，如果短期内无法兑现，最好让员工知道，你已着手去做，

领导力
全项修炼

以及所遇到的困难。

（8）不要朝令夕改。员工工作需要连贯性，他们希望你不要朝令夕改，因此，如果政策改变，最好尽快通知，否则员工会觉得无所适从。

（9）及时奖励员工。每当员工圆满完成工作时，立刻予以奖励或赞美，往往比日后的调薪效果好。赞美与惩罚的比例，应该是4：1。

（10）预防胜于治疗，建立监督体系。每天检视公司动态与员工工作进度，以便在出现大问题以前，预先了解错误，防患于未然。

（11）避免轻率地下判断。如果管理者希望员工能依照自己的方法工作，必然会大失所望。因为，每个人处理事情的方式不同，你的方法未必是唯一正确的。所以，最好避免轻率地断言员工犯错误，否则会影响对他们的信任感，甚至做出错误的决策。

（12）心平气和地批评。批评也是激励的一种方式，然而批评必须掌握方法，激烈的批评只会让员工感染到你的怒气，并产生反抗情绪，只有心平气和地做出批评才能让员工了解自己的失误，并感受到你对他的期待，才能对员工产生激励效果。

（13）激励员工办公室友谊。让员工们在工作中有机会交谈，和谐相处。因为许多人愿意留在一个单位工作，是他们喜欢这个环境与同事。因此，不妨经常办些聚会，增进员工间的感情。员工们在人和的气氛下工作，必然会更有创造力、更有活力。

按员工的性格秉性进行激励

在企业中，每一个员工都有自己的性格特点——有的外向、喜交际，有的内向、爱独处；有的安于熟练化、按部就班的岗位，有的偏好高风险、高挑战性的工作；有的长于管理团队，有的精于技术性工作……企业的管理者在日常管理中要花精力去了解和判断员工的性格特点、兴趣爱好，在进行激励的时候，要尽量与其性格、爱好和特长相匹配。这样既能激发员工的工作兴趣和热情，又能充分发挥其所长，取得事半功倍的成效，实现员工与企业的双赢。

某公司的何经理采取了许多提高员工工作动力的方法，如赞扬、发奖状、为员工提供更多的休息时间、公费旅游、发放奖金等方法激励员工的干劲。虽然何经理如此煞费苦心，但是员工并没有买他的账，没有因为他的奖励而提高工作动力。主要原因就是何经理犯了激励管理中的一个通病：没有因人而异地激发员工的动力，没有考虑员工性格特点的差异。

最后，何经理专门抽出两天的时间和每一个员工面对面地交谈，详细了解每个人的兴趣爱好、性格特点，非常认真地询问每个员工希望从工作中获得什么，最后确定每个员工在工作中寻找到的最有意义的动力源泉。他发现：××辛勤工作的最大动力是

领导力
全项修炼

能够有机会不断提高自己的技术水平，而并不是多拿100块钱的奖金；××希望有自主决定工作方式的权力，这样他才会有更大的动力，而公费旅游对他没有任何吸引力；××不仅喜欢自己从事的工作，还喜欢与工作有关的社交活动……

何经理在收集了各种信息后，就针对不同的员工制订了不同的激励计划，采取了不同的激励手段。现在，他所领导的团队具有非常高的工作动力与热情。

由此可见，管理者在对员工进行激励时，要根据他们的性格特点选择不同的激励方式。只有"对症下药"，才能事半功倍。

对于那些有主见、喜欢按自己想法做事的员工，管理者要对他们的正确意见给予积极的肯定和赞扬，并且对他们进行充分的授权，给他们广阔的、自由的空间去施展才华，从而激发他们的主人翁精神，让他们更有干劲。

对于那些自卑感比较强、很少发表自己意见的低调员工，管理者要多给予他们一些关注和鼓励。如果管理者长期忽视他们，他们就会渐渐消沉下去，甚至觉得自己在公司是可有可无的，就更谈不上任何积极性、主动性了。所以，管理者对这一类型的员工要多多关心和鼓励，例如经常询问一下他们的工作进度，经常对他们说："你肯定能干好的！""继续努力！"

从本性来说，人是一种合群的动物，喜欢在某一个群体中生活。公司是一个群体，办公室也是一个交际的平台，在这里，管理者应该鼓励那些内向的、喜欢独来独往的员工进行交流，培养他们的团队精神，让他们产生归属感，让他们不再做寂寞的"独行侠"，从而增强他们的工作动力。

有些员工天生喜爱张扬，希望自己的知名度越高越好，对待这样的员工，管理者要积极创造机会，给他们提供展示自己的机会。例如，福特汽车与美国电报电话公司让它们的员工担任电视广告的角色；大西洋贝尔电话公司的移动电话部用优秀员工的名字，作为中继站的站名。

有些员工自视能力高，对上司的意见、命令常常有抵触情绪。面对这样的员工，管理者要恰当地使用反激的方式，鼓励他们去做原来自己未打算做、不情愿做的事。

诸葛亮率师平定南蛮叛乱时，刚到蛮地便受到十五万叛军的阻击。他令人把赵云、魏延喊来，可是当他们来到大帐后，他却摇了摇头，又令人把王平、马忠叫来说："现在蛮兵分三路而来。我本想遣赵云、魏延前往迎敌，可他二人不识地理，未敢擅用。你俩可兵分两路，左右出击迎敌。"诸葛亮见赵云、魏延在一旁极不自在，便对他俩解释说："我不是不相信你们，蛮地山险难窥，地形复杂，你们是先锋大将，若令你们涉险入深，一旦被叛军暗算，会挫伤我军元气的。你们要谨慎从事，不可乱动。"赵云、魏延两人越想越不是滋味，心想自己是先锋，如今却让晚辈去迎敌，这岂不是太伤面子了，不如先捉几个当地人问明路径，今晚就去破敌营寨。当二将手提敌将首级向诸葛亮请罪时，诸葛亮不但没有责备他俩违反军令，反而哈哈大笑："此乃吾激遣你二人之计也，

领导力
全项修炼

若不如此，你们肯细心打探路径吗？"

除了以上这些激励方式之外，还有很多方式可供管理者选择。关键是要做到因人而异，使激励方式符合员工的性格特点。

用"竞赛机制"说话

在管理员工时，适当运用"竞赛机制"，可以调动员工的积极性。毕竟每个人都希望自己能得到大家的肯定，而竞赛这种机制给员工提供了一个可靠的平台，在这个平台上，任何一个员工，只要他有能力，都可以得到相应的奖励，同时大家的尊重和敬佩还会强化其工作成就感。竞赛透明度越高，员工的公平公正感就越强，所受到的激励也就越强。

对于管理者来说，使用竞赛这种机制，不但可以调动员工的情绪，还可以解决一些平时想解决的发展"瓶颈"问题。

2008年底，深圳某公司受金融危机影响，在9月至12月生产任务不足，工人们若不减员就得减薪。公司董事长一筹莫展，裁员和减薪都是他不愿意走的路，怎么办呢？最后，他决定开办一场节能降耗的劳动竞赛。竞赛举办期间，生产成本骤降。董事长又决定改革劳动竞赛的形式和竞赛奖金发放办法，将劳动竞赛纳入行政管理中，竞赛奖金半个月一发放。这一劳动竞赛机制不仅解决了企业面临的问题，推动了企业发展，也为一线职工增加了收入，可谓一举多得。

竞赛机制的作用由此可见一斑。但并不是所有的竞赛都能起到激励作用，这就要看管理者制定的竞赛条件如何。那么，作为一名管理者，应该如何制定合理的竞赛规则呢？

（1）竞赛要得到大多数下属的认同。竞赛要能体现组织目标与个人目标的统一，使下属真正从思想上接受，从而激励他们为达到目标而努力奋斗。因此，竞赛条件要交给下属去讨论，使之得到大多数人的认同。

（2）竞赛条件要具有可比性，参与竞赛的人的条件应大致相同，这样才能反映出各自的努力程度，才能起到激励作用。

在体育竞赛里，举重比赛按参赛运动员的体重不同来分级，女子为7个级别：48公斤级、53公斤级、58公斤级、63公斤级、69公斤级、75公斤级、75公斤以上级。同样，组织里的竞赛机制也需要在一定的级别内进行比较，以免让下属觉得不公平而不愿意参加。比如，没有任何经验的新员工如果被安排与经验丰富的老员工一起竞赛，那么就有失公平。

（3）竞赛条件要定得适当合理，使人们通过一定的努力就可以达到。竞赛要符合以下条件：每一位有能力的人都可以奖励，即使暂时没有能力的人，只要通过努力同样可以得到相应的奖励。这样，所有的人都会信任这样的竞争，心里不会有不平衡的感觉，

领导力
全项修炼

不会抱怨"不给我机会，却怪我没有本事"。

为了满足这个条件，管理者可以多开展一些竞赛活动，因为每个能够进入组织的人肯定都有自己的一技之长，如果每个人在经过努力之后都能得到奖励，那么这种激励就会大受欢迎，而且会促进下属的工作积极性。管理者还可以拉长某项竞赛活动的时间，比如，前面说的节约成本竞赛，可以作为一个长期的项目，每个月按照相应的标准进行考核，按奖金方式进行发送，这会在下属中间形成一种节约成本的风气。

（4）根据形势的变化，随时改变竞赛的条件，要能随着社会的进步而提高，从而使其能持续地发挥激励作用。

总之，竞赛机制是管理者调动下属工作积极性的一种有效手段，只是要想让其有效地发挥激励作用，提高整个团队的工作效率，管理者还要不断地研究改革举办竞赛所需要满足的条件，以便把所有的下属都团结起来。

第七章

沟通能力修炼：一开口就说服所有人

沟通可以解决一切问题

管理者在工作中，时常会听到员工这样或那样的抱怨。有的认为个人的工作成绩没有得到应有的承认和肯定；其合理化建议没有得到应有的重视和采纳；工作环境压抑、人际关系紧张，甚至一个办公室内彼此间不相往来……其实，这些抱怨都会严重影响员工的工作积极性和工作热情，从而影响企业的效率和效益。这些抱怨究其根源均在于沟通不够、沟通无效或沟通存在障碍。

诺基亚公司董事长兼首席执行官沙玛·奥里拉在自己的管理箴言中这样写道："我觉得有两个技能很重要。第一是沟通能力，第二是人才管理的能力。但没有好的沟通能力，一切都无从谈起。"日本松下电器公司创始人松下幸之助也认为："企业管理过去是沟通，现在是沟通，未来还是沟通。"

沟通是信息交流的重要手段，是管理的生命线，因此，对于企业管理者来说，沟通能力极为重要。管理者每天所做的大部分决策事务，都是围绕沟通这一核心问题展开的。管理者必须经常依赖员工的大力支持和合作，才能完成任务。有两个数字可以很直观地反映沟通在企业管理中的重要性，就是两个"70%"。

第一个"70%"是指企业的管理者有 70% 的时间用在沟通上。

开会、谈判、谈话、做报告是最常见的沟通形式，撰写报告实际上是一种书面沟通的方式，对外各种拜访、约见也都是沟通的表现形式，管理者大约有 70% 的时间花在此类沟通上。

第二个"70%"是指企业中 70% 的问题是由于沟通障碍引起的。比如，企业常见的效率低下的问题，往往是有了问题后，大家没有沟通或不懂得沟通引起的。另外，企业里执行力差，领导力不强的问题，归根结底，都与沟通能力的欠缺有关。比如说管理者在绩效管理的问题上，经常对下属恨铁不成钢，年初设立的目标没有达到，工作过程中的一些期望也没有达到等。为什么下属达不到目标的情况会经常出现？在很多调研中都发现，下属对管理者的目的或者期望事先并不清楚，当然无法使其满意，也导致对年度的绩效评估不能接受。这不管是管理者表达的问题，还是下属倾听领会的问题，都是沟通造成的问题。

因此，卓越的沟通能力是管理者必备的素质之一。但是，现实中却有很多企业管理者不重视沟通管理，他们认为，管理者与被管理者之间不能有太多的平等，没有必要告之被管理者做事的理由。"民可使由之，不可使知之。"他们片面强调被管理者应无条件地服从，"理解的执行，不理解的也必须执行"，从而认为除了告知对方做什么、做到什么程度之外，再告之其他相关信息都是多余的，更不用说就对方的态度、情感，通过沟通达成理解和认同。

领导力
全项修炼

走动式管理：创造沟通机会和平台

麦当劳快餐店创始人雷·克洛克不喜欢整天坐在办公室里，而是把大部分工作时间都花在到所有分公司和各部门走走、看看、听听、问问上。

麦当劳公司曾有一段时间面临严重亏损的危机，雷·克洛克发现其中一个重要原因是公司各职能部门的经理有严重的官僚主义，习惯躺在舒适的椅背上指手画脚，把许多宝贵时间耗费在抽烟和闲聊上。于是一个大胆的想法在他的脑海中形成了，那就是将所有经理的椅子靠背锯掉，并立即实施。

开始很多人骂雷·克洛克是个疯子，但不久，大家就体会到了他的一番"苦心"。经理们纷纷走出办公室，深入基层，及时了解情况，现场解决问题，终于使公司扭亏为盈。

这种管理模式就是走动式管理。该管理理念最早是由彼得斯提出的，它的核心是管理者要融入员工之中，而不是在员工面前摆谱儿。走动式管理不是待在办公室里翻阅各种数据和报告，而是走到员工中间、客户中间以及供应商中间去，和他们面对面地进行交流沟通。在走动中，管理者的主要角色是倾听者。通过倾听，管理者可以从员工、客户和供应商那里得到准确的第一手信息。在面对面的交流中，管理者可以用现场解答和阐述的方式，把公司的价值观念传递给员工、客户和供应商，促使他们认同和接受公司的价值理念。

走动式管理不是视察活动。它的目的是发现员工的工作进展以及他们在工作中都遇到了什么样的麻烦，通过询问来指导他们做一些重要的事情。可见，走动式管理的前提假设是估计到员工在工作中可能会有一些东西妨碍他们完成任务，因而需要管理者通过走动去了解、帮助员工解决困难，指引员工而不是命令、干涉、剥夺员工的自主权来解决问题。

走动式管理不是管理者越俎代庖，剥夺员工的权利，而是提供一些有助于扩大员工自主空间的建议。它也不是命令员工应该干什么、应该采取什么样的具体措施，而是提高员工的自信心和自制力。在走动式管理中，管理者不是担任指挥者的角色而是参谋的角色。总之，优秀的走访者会在公司愿景下扩大员工的自主权，而不是使之缩小。

在企业中，管理者应把走动式管理作为一种经常性的管理活动，而非"国事访问"。它不需要提前通知被走访者，不需要做准备，因为它就是针对那些有意无意隐蔽起来的真实情况而来的。要使走动式管理听到组织的真实声音，最好的办法就是管理者经常性走动。这样做可以有效地消除"礼节性拜访"或者"恩赐式关怀"的缺陷，达到与员工面对面交流的目的，也是获得真实信息、强化公司共同愿景的良药。要扩大走动式管理的效力，不在于宣传，而在于管理者身体力行。只有管理者养成走动的习惯，让员

领导力
全项修炼

工了解管理者会随时到自己身边来，员工才能感觉到管理者一直与自己同在，也才能让员工产生信赖，进而愿意与之沟通。

用适当的方式打开"闷葫芦"

遇事闷头思考一言不发的人常被人们叫作"闷葫芦"，由于想得过多，以至于很少甚至忘却了讲话，管理者遇到这样的员工常会感到头痛不已，甚至认为要让他们开口比让铁树开花还难。但其实，如果管理者使用适当的方式，就可以轻易打开"闷葫芦"。不但能让那些不善言辞的下属开口讲话，甚至是最沉默寡言、最害羞的人也会开口讲一长串话。打开"闷葫芦"的方法有5种，分别是：

1. 赞扬加提问

即便是最害羞的人在听到赞扬时也会心花怒放。管理者要让不愿说话者知道，你很欣赏并感激他们所做的努力，认为他们的专业知识非常有价值。然后让他们详细陈述他们的观点。管理者可以通过简短的提问暗示他们，只有那些有专业背景和知识的人才能回答这些问题。

哪怕是再沉默寡言、再吝啬词句的人，听到如此积极的反馈也会变得平易近人。因此在听的过程中，类似的"甜言蜜语"会使管理者得到想要的信息。

2.直截了当地提问

少言寡语者，即那些只说"是"或"不是"的人会觉得说话越少越自在。管理者应该利用而不是抵制这一特点。管理者可以利用他们吝惜语言的特点，先弄清自己究竟想知道什么，然后直截了当地提出只需回答"是"或"不是"的问题，或者提出只需回答一两句话的简短而切中要害的问题。

3.引发议论

只要有合适的鱼饵，再难钓的鱼也会上钩。为了让不愿说话者打破沉默，作为管理者的你要用容易引起争论的陈述或问题做鱼饵。你可以围绕你想了解的主题，很有礼貌地对下属提出疑问，或者就现有的理论提出反对意见。当自鸣得意的观点遇到挑战，或有机会拆穿一个广为流传的谬误时，很少有人会无动于衷。

4.不要打断他的话

一旦管理者想方设法让"闷葫芦"开口了，那就要赶紧把自己的嘴闭上。如果管理者在他们说话时插嘴，陈述看法，就会使他们有借口停止说话。而此时，再想让他们开口会非常困难。即使管理者想到一个重要问题，或有什么高见，也不要急着说出来，要等到不愿说话者已经说完之后，再把自己的见解说出来。

5.适当做出反馈

要想让"闷葫芦"继续讲话，管理者需要告诉他们，他们说

领导力
全项修炼

的细节非常有趣、非常有价值，非常希望他们能继续说下去。但注意，不要用语言来鼓励他们，这只会让他们分心。

管理者要运用身体语言，通过看得见的信号对他们做出积极反馈。如同意时点点头、赞许时微微一笑等，并且要在对方说话时有意识地盯着他的眼睛，就好像他在说一件你从未听过的、有意思的事。

如此一来，管理者就可以轻松打开"闷葫芦"，使沟通变得更顺畅了。

少说、多听、常点头

管理者伶牙俐齿，"口吐莲花"，固然是一件好事。但是千万不要把这一本事用过了头，事事处处指手画脚，喋喋不休。常言道："会说的不如会听的。"当你与下属沟通时，若能灵活运用"少说、多听、常点头"这一处世良策，管住自己的嘴巴，竖起自己的耳朵，少说多听，就会让沟通更为顺利。

"少说"不但可以"导引"下属多说，还可以避免流露出自己内心的秘密，更可以避免说错话，让下属难堪。少说，你就成为一个冷静的旁观者，一切都会在你的掌握之中。

"多听"就是多听下属说，听下属的做事经验，听下属的人际恩怨，听下属话语中透露出来的有关周围环境的信息……管理者多听，下属就会因此而多说；下属说得越多，管理者知道得就越多。

"常点头"，这并不是要管理者做个没有主见的应声虫，而是避免让下属认为你是一个高高在上、只顾自己意见的人。也就是说，听下属说话时，管理者多点头，表示你的专注和附和，如果有不同意见，也要先点头，再提出。无关紧要的事，不必坚持己见。这样，就没有走不通的道路。

"少说、多听、常点头"是沟通过程中一种非常好的方法，一是可以给人留下稳重含蓄的权威印象；二是可以充分了解下情，掌握大量事实材料，有利于制定领导决策；三是可以使你建立一个好人缘。

可见，管理者在与下属沟通时，管住自己的嘴巴，打开自己的耳朵是非常有利于沟通的办法。不过，要让"少说、多听、常点头"的沟通方式产生最大的效果，还应该努力遵守以下注意事项：

（1）对别人讲的话要感兴趣，要充分地关注对方。当你在听下属讲话时，要全神贯注。

（2）看着对方说话。你不要在房间里东张西望，或是看地板，或是望窗外。如果你的眼睛转来转去，这表明你的心思也会是这样的。

（3）防止走神。要一心一意地注意下属在说什么。

领导力
全项修炼

（4）不要被个人好恶所支配。有时你可能不喜欢某人说话的方式，或是不喜欢某人说话的声音。这些偏见可能使你听不进正确的意见。作为管理者，你需要正确地理解意见交流中的内容，不应该让个人好恶妨碍你。

（5）努力理解难懂的想法或材料，不要回避难以领会的东西。

（6）努力理解对方言辞及其含意。仅仅懂得事实还不够，既要用耳朵去听，还要用心去听，这样才能明白别人说话的真正含意。

（7）提问题不要犹豫。要确保自己理解他人正在说的话。不要因外部干扰（如机器噪声，电话铃声，或别人向你打招呼）而漏掉了话中的含意。当这种分心的事情确实打扰了你的时候，不要怕问问题。下属往往觉得与你谈话非常重要，因此，他们欢迎你表示兴趣和关心。

（8）不要轻易下结论。听取并接受下属所讲的话，要用心去听下属的言语和想法，不要轻易下结论或者反驳。

多一些鼓励，少一些批评

无论年龄长幼、贫富贵贱，爱听鼓励的话是人的天性。然而在企业中，当员工工作执行不到位、消极怠工或者犯错误时，不少管理者都喜欢通过批评员工来树权威，更有甚者，还喜欢在员工犯错误时发脾气，殊不知，这样弊远大于利。一味用批评和尖锐的意见面对员工，很多时候会扼杀员工的创新性，使员工产生挫折感。批评往往会使自己情绪恶化，员工会因此而产生逆反心理，会消极怠工，更会破坏工作场所的氛围。而且对于管理者而言，他们也会被认为是不合群、人际关系有问题。批评只是管理的手段，而不是目的。只靠批评不仅无助于问题的解决，还会使问题恶化。员工在接受批评后会产生紧张感、挫折感，而这些负面情绪都不利于问题的最终解决。

一天，公司赵总突然接到刚工作不久的员工妮妮的电话："我买了机票，要去旅行，现在想向你辞职。"赵总接到这样的电话不免感到惊讶，但他还是尽量平和地说："我给你两周的时间，旅行完之后再回来上班。"妮妮说："不用了，即使回来，我也不想回到这里上班。"

赵总听到这样的回答感到很气愤，但他依然没有忘记反思问题出现的原因。他终于想起，前几天妮妮曾经交给他一份企划案，当时他看了十分不满意，还训斥她："你怎么可以做出这样的东西，竟然还好意思交给我，你是大学毕业生吗？"

妮妮因为赵总的一句严厉的批评而辞职了。妮妮工作时间不长，很明显，妮妮抗挫折的能力比较差，赵总在跟她打交道时，有必要使用一定的技巧。员工犯错后，管理者应该做的是向员工提出解决问题的建议，避免他以后再犯。很多时候，新员工犯错误都是由于管理者没有给他们正确的建议。

例如，某员工说："我不想做了，实在是没有什么前途。"这说明他正处于情绪不稳定的状态，此时管理者最好的做法是采用迂回的策略，先让他的情绪稳定。管理者可以先把员工的话润色并加以重复："你的意思是，你觉得在这里的表现或者发展不是很满意，是吗？"然后稍等片刻，暗示对方你已经明白了他的意思。如果，员工的情绪依然低落，对你说："是呀，我觉得这里很糟糕。"那么这时候管理者可以继续跟他聊，直到他平静下来。最后，员工可能会询问你该怎么办。这时管理者就掌握了谈话的主动，可以询问员工的想法。如果通过沟通发现他之所以会如此沮丧，是因为对自己太过悲观的缘故，那么管理者有必要举例让他知道其实他已经做得非常好。

当然，这里说管理者应多些鼓励和建议，并不意味着对员工的错误视而不见。有时候，批评也是必需的，只是批评也要有艺术。

比如，一个员工之前的工作表现都很好，但是后来却怎么都没有办法达到管理者的要求。这时候批评就有必要了，但是作为一名管理者，如何批评才不会起反作用呢？

作为管理者，如果对员工提出质疑说："你是怎么搞的，为什么没有把事情做好？"那在员工看来，就很可能会认为管理者讨厌自己，而不能就事论事。所以，一名优秀的管理者，在批评时一定要注意以下四点。

（1）要跟员工讲清楚事实，比如："你这份企划书，为什么没有按时交给我？"

（2）要明确告诉员工你自己的感觉，比如告诉员工："我对你现在的表现很失望。"

（3）管理者要明确自己的管理目标，让员工接收到肯定的词汇，而不是否定的词汇，比如，不说"你以后交企划不要迟到"，而说"我希望你以后能按时交企划"。

（4）要运用"说服的艺术"。也就是用建议的方法而不是用意见。要说服员工做事，要让员工有自己判断的机会，所谓"晓之以理，动之以情"就是这个道理，要让员工知道你的建议是正确的。你不是在对员工的行为挑刺，指出他的错误，要用"诱之以利"的方式让员工认识到自己的问题，并选择正确的方式解决问题。

在企业管理中，管理者要做的是多些鼓励与建议，少些批评与意见。如果管理者能用真诚的鼓励和正确的建议对待员工，特别是一些有知识、有文化、有思想的员工，那么企业的管理水平肯定会有一个质的飞跃，员工在这种激励下能增强工作的自信心，就可以在保证质量的情况下超额完成任务。一个聪明的管理者会从员工的立场出发，采用最恰当的方式，让员工接受并乐于服从你的建议。

领导力
全项修炼

第八章

创新能力修炼：超越红海，开创蓝海

要培养容忍失败的精神

在一个积极、创新、追求成功的企业中，一大特色就是能容忍失败。强生公司的信条之一是："你必须愿意接受失败。"艾默森公司强调："你需要有承担失败的能力。除非你肯接受错误，否则你不可能有任何创新、突破。"

对失败的容忍精神已成为许多杰出公司的精神内涵之一，而且直接由公司高层灌输、培养这种精神。创新必须经历无数次的试验，遭受多次失败，否则就无法从失败中取得成功。

IBM 公司的一位高级职员，由于工作的严重失误，造成公司高达 1000 万美元的巨额损失。这位高级职员为此寝食不安，异常紧张。许多人建议董事长给他撤职开除的处分。

董事长将这位高级职员叫到办公室来，通知他调任同等重要的新职。这位高级职员感到万分意外，问："为什么不将我开除，至少降职？"董事长答："要是那样做，岂不是在你身上白花了1000 万美元的学费？"

后来，这位高级职员在工作中兢兢业业，为公司做出了卓越的贡献。有一次，董事长提起这件事时说："一时的失败是企业家精神的一种'副产品'，如果给予信任，他的进取心和才智可

领导力
全项修炼

以大大地被激发出来，完全可以超过未受过挫折的人。"

对于优秀的人才来说，挑战和创新才是工作的常态，没有人喜欢在一个不允许失误的环境中工作。员工能力的发挥和潜力的挖掘更需要一个宽容的工作环境。只要管理者能够鼓励员工冒险，允许失败，员工一定会用出色的创新来回报企业，企业的成功就是在创新成果不断叠加的基础上获得的。

美国 3M 公司每年开发的新产品多达 200 种，几乎每隔 1 ~ 2 天就有一项新产品问世。巨大的产品更新能力为 3M 保持优良的成长能力打下了坚实的基础。

3M 公司的管理者知道在成千上万个构思中最后成功的只是凤毛麟角。公司里对此有一个很形象的比喻——"亲吻青蛙"。为了发现王子，你必须与无数只青蛙接吻。"亲吻青蛙"意味着经常失败，但 3M 公司把失败和走进死胡同都作为创新工作的一部分。他们奉行的哲学是：如果你不想犯错误，那么什么也别干。

"只有容忍错误，才能进行革新。过于苛求，只会扼杀人们的创造性。"这是 3M 公司的座右铭。成功者受到奖励、重奖，失败者也不受罚。3M 公司董事长威廉·麦克唐纳说："企业主管是创新闯将的后台。"3M 公司努力创造轻松自由的研究开发环境。如果你的创造性构思失败了，那也没关系，你不会因此而遭到冷嘲热讽，照常可以从事原来的工作，公司依然会支持你的新构思。

要想及时做成任何一件新鲜事，都必须对失败给予公开的有力支持——不只是支持"有意义的试验"，而且要公开支持失败本身，要公开谈论失败。

为了鼓励成员不断创新，就要创造出一种氛围，保护创新，鼓励创新。这里包括理解创新者的奇异想法，支持他们的创新和冒险行为。美国一家电脑公司，在其公司守则里明文规定："员工一天至少犯十次错，如果你一天不犯错，就表明你尝试得不够。"

敢于冒险，就有可能创造出新成果，即使失败了，也并不是一无所获，起码证明了此路不通。敢于冒险，勤于创新，说明了员工热爱工作，热爱事业，关心企业，这正是企业所需要的，应鼓励这种精神。失败对员工自身构成了打击，再给予批评甚至惩罚，则会打击其积极性，造成一种压抑感，抑制其创造性，企业也就成了死水一潭。

勇做技术上的"领头羊"

企业要想在竞争中立于不败，就必须通过技术创新获得生存和发展空间，获得持续发展的能力。

沃尔玛是世界零售业巨头，它创造了从一个小镇走向全球市场的神话，其成功最主要的原因是严格控制供应链每一环节的成本。麦肯锡管理咨询公司认为，沃尔玛也和一些贸易型公司交易，但更多的是和生产厂家直接交易。沃尔玛的采购成本、管理成本、交易成本其实都非常高，但是传统供应链的低效率和多级加价支撑了沃尔玛的利润空间。

海尔集团 CEO 张瑞敏曾经为海尔产品进入沃尔玛超级零售终端的采购体系而高兴，却又因为沃尔玛借终端力量对上游供应商利润的压榨而担忧，甚至深恶痛绝。对此，阿里巴巴电子商务网站创始人马云提出了一个想法：沃尔玛的采购与销售链条其实完全可以放在网上，阿里巴巴涉足产业链恰恰是要提高传统供应链的效率，增加厂商利润，降低沃尔玛等零售商对利润的压缩。

从 2005 年开始，马云就在尝试将阿里巴巴的买家和卖家引到淘宝，鼓励淘宝网的卖家去阿里巴巴进货，再把产品销售给淘宝网的消费者，希望通过这种形式打通 B2B（企业和企业之间的销售）和 C2C（消费者之间的销售）的界限。

在这样的构想之下，淘宝网 2006 年 5 月 10 日推出"淘宝商城"这一 B2C（企业对消费者的销售）交易平台。它成为大品牌商家的乐园，这些被招揽的品牌都是在线拍卖网站最畅销的商品门类中的超级品牌。这不仅仅是解决淘宝网赢利模式的问题，更是马云打通 B2B、B2C 和 C2C 的一个绝妙战略布局。

实际上，淘宝是一个依托互联网生存的零售组织型企业，它在供应方与需求方之间提供了一个以契约制为基础的第三方平台。淘宝承接的是买卖双方的组织任务，要制定基本的规则，调控双方关系以求达到平衡。淘宝一直试图通过不断修订规则来使买卖双方获得最佳的平衡。

淘宝网前任总经理孙彤宇表示，过去以亚马逊网上书店为代表的传统 B2C 模式需投入巨资建立仓储、配送中心，中间成本极大，利润仅维持在 5% 左右，而融合了 B2B 及 C2C 模式的淘宝 B2C 新模式则不存在物流、配送、支付等瓶颈。

传统 B2C 的赢利模式在于压低生产商的价格，进而在采购价与销售价之间赚取差价，在中国电子商务的近 10 年的发展过程中，以往的 B2C 模式鲜有成效；而淘宝的 B2C 新模式帮助厂商直接充当卖方角色，把厂商直接推到与消费者面对面的台前，让厂商获得更多的利润，进而将更多的资金投入技术和产品创新上，最终让广大消费者获益。孙彤宇表示，淘宝网全新 B2C 模式的目的就是帮助厂商赚钱，帮助消费者省钱，最大限度压缩中间环节成本，最终实现厂商和消费者共同受益。

到 2006 年，包括摩托罗拉、阿迪达斯、苹果 iPod 等在内的厂商都在淘宝网上开设了专门的网上店铺，而华硕电脑、迪士尼、马克华菲等厂商还专门为淘宝网的 B2C 平台推出了定制产品。

2006 年底，淘宝网注册用户超过 3000 万，人均在网购消费 563 元，交易总额突破 169 亿元人民币，超过易初莲花 100 亿元、沃尔玛 99.3 亿元的全年在华营业额，是国内零售业巨头北京王府井百货集团全年销售额的 2.6 倍。

产品以新制胜是参与竞争的前提，产品只有适合市场，满足

领导力
全项修炼

消费者的心理需求才能具有竞争力。为此，企业要靠科技提高产品质量，靠技术提高生产率展示价格优势。另外，技术创新是品牌之源，离开了创新，品牌便是无源之水、无本之木。当今技术进步很快，只有通过技术进步和技术创新给品牌增加活力，提高品牌的附加值，公司的品牌才会具备市场竞争力。

阿里巴巴凭借互联网技术迅速成功的实践表明，凭借新技术改造传统行业有巨大的发展前景，当一个行业出现类似阿里巴巴这样的公司时，老霸主如果不能与时俱进，就将落下马来。创新是企业取得竞争优势的有效途径。没有技术创新，不但得不到新的市场，还会失去原有的市场。

寻求管理观念的转变

观念转变是创新的基础。管理者必须意识到世界上没有一成不变的规则，要改变传统的思维方式，推动创新。

日本著名风景区热海市有一家名为新赤尾的旅馆。其业绩在日本同类型旅馆中是没人能与之相提并论的。

新赤尾旅馆的老板赤尾藏之助，是一位"和常识唱反调的经营者"。他在经营策略上采取"退"的形式，却在效益上得到了

"进"的突破。

第一，尽量延长游客每天的住宿时间。

传统的观念认为，缩短每位游客的住宿时间，可以充分提高客房使用率而取得较佳的经济效益。但赤尾藏之助反其道而行之，他宣布：凡是住进新赤尾旅馆的游客，每日进房时间为上午8点钟，退房时间为次日上午10点钟。这样，游客花24小时的住宿费，便可享受26小时的服务。这种做法表面上是增大了旅馆的工作量，影响了收益，实际上吸引了大批游客，使该旅馆不管是在淡季还是在旺季，生意都很兴隆。

第二，适当控制人数，优先向全家旅行的游客服务。

大多数旅馆愿意为人数较多的团体游客服务，而把人数较少的全家外出旅游的游客放在次要地位。为此，许多旅馆常常不惜折价招徕团体游客，以保证客房的高入住率。

对此，赤尾藏之助不以为然。他的观点是：游客们到风景区观光旅游，是为了尽情享受优美的自然景色和旅馆安逸舒适的生活。如果旅馆内因客满而时时人声鼎沸，势必破坏那种宁静、安逸的气氛，影响游客的兴致。为他们服务，旅馆往往还必须折价。

因此，新赤尾旅馆并不像其他旅馆一样，千方百计地吸引团体游客，即使接待也尽量控制人数。

反之，对于全家旅游，特别是新婚旅行的游客，新赤尾则非常热情，不论是客房安排，还是餐厅饮食，服务员都会优先安排，周到服务。贯彻优待家庭游客思想的结果，使新赤尾旅馆能始终

领导力
全项修炼

保持一种优雅、静谧的气氛，反过来又为旅馆吸引了更多的游人。

第三，为顾客提供一些免费服务。

通常，观光旅馆的经营者认为，游客既然外出观光游览，一定是不会在乎钱的。因而游客住进店，样样服务都收费。

而赤尾藏之助的做法却与众不同：在新赤尾旅馆，游客们可以免费享受到诸如早餐、咖啡、温泉浴后享用的橘子水、打乒乓球及玩麻将等服务。这些免费提供的服务项目，虽然微不足道，但给人们留下了良好的印象，有利于招徕更多的游客。

正是由于赤尾藏之助能打破常规，在经营上采用了奇特的招数，采取了创新策略，使得新赤尾旅馆不仅能同任何对手竞争，而且一直充满生机。

客观事物是在不断变化的，无论是对个人还是企业，观念也要随之而变，唯有变，才能获得发展机会。

要想永葆领先优势，就要促使自己不断创新，时时发动观念的革命，除去过时的观念，吸收新颖的想法，以观念的变革带动企业的变革。

第九章 /

协调能力修炼：
化解恶性冲突，引导公平竞争

识别员工冲突的来源

有人的地方就难免会有冲突，企业中亦是如此。造成企业内部冲突的原因有很多，有些是由个性差异引起的，有些则是由工作的方式甚至是利益分配引起的，有的则可能是多种原因共同作用的结果。

毫无疑问，处理冲突的能力是管理者需要掌握的多项技能中最重要的技能之一。美国管理协会对中层和高层经营管理人员进行的一项调查表明，管理者平均需要花费 20% 的时间处理冲突；在对于管理者认为在管理发展中什么方面最为重要的一项调查发现，冲突管理排在决策、领导或沟通技能之前，这进一步支持了冲突管理的重要性。

斯蒂芬·P. 罗宾斯在其所著的《管理学》一书中写道："冲突是由于某种抵触或对立状况而感知到的不一致的差异。差异是否真实存在并没有关系。只要人们感觉到差异的存在，则冲突状态也就存在。"另外，在此定义中还包含了极端的情况，一端是微妙、间接、高度控制的抵触状况；另一端则是明显、公开的活动，如罢工。

多年来，人们对于组织的冲突大致有着三种不同的观点：

1. 传统观点

早期的看法认为，冲突是不利的，并且常会给组织造成消极影响，人们把冲突看作是暴力、破坏和非理性的同义词。由于冲突是有害的，因此应该尽可能避免。管理者有责任在组织中消除冲突。

2. 人际关系观点

该观点认为冲突必然而不可避免地存在于所有组织之中。由于冲突是不可避免的，因此人们应该接纳冲突。这一观点使冲突的存在合理化；冲突不可能被消除，有时它甚至会为组织带来好处。

3. 相互作用观点

这是当今最流行的冲突理论。人际关系观点接纳冲突，而相互作用的观点则鼓励冲突。这一理论观点认为，和平、融洽、安宁、合作的组织容易对变革和革新产生静止、冷漠和迟钝的感觉。因此，它的主要贡献在于，鼓励管理者维持一种冲突的最低水平，它能使组织单位保持旺盛的生命力，善于自我批评和不断创新。

总体来说，企业内冲突的来源主要有三个方面：

（1）在企业，每个人必须每天与不同性格、不同主张、不同经历、不同教育程度的人来往。由于每个人个性不同，就难免会发生冲突。

（2）企业中也常出现因对工作的态度、与同事合作的意愿，以及工作技术上的不同而出现的冲突。这种冲突经常发生在当工作需要与他人密切合作的时候，当同事对于工作方式有不同的看法，或是对于完成工作的时限有不同的观点时，即便这是一点点的分歧，也会造成巨大的冲突。

（3）缺乏沟通也是造成员工间产生巨大冲突的原因。专业术语、表达不清楚、语言障碍等都可能导致冲突。例如程序设计人员与技术人员所使用的专业术语总是让主管和业务员难以理解；而管理者常用的术语也经常让这些专业技术人员摸不着头脑。除此之外，还有不同专业的人经常对同一种东西使用不同的术语，而对不同的东西却使用同一种术语的情况出现。如果员工们在这些方面存在差异，又没有进行有效的沟通，那么发生冲突也就难免了。

当同事之间、主管与员工之间，或不同部门的成员之间发生冲突时，介入冲突并寻求和平解决的人通常是管理者。解决冲突的办法并不是只雇用同一类型的员工，管理者应该想办法让不同类型的员工能够团结一致，完成工作。

及早拆散"小圈子"

"小圈子"一词中的"小"不是指其能量小、人数少，而是针对它只为少数人牟私利，在组织上排斥大部分人，只注重自己群体的利益，不管全局的利益而言的。有时候，"小"圈子实际上人数众多，其成员大多占据要位，活动能量很大。

企业中搞小圈子，结党营私，党同伐异往往形成这样的现象：一群人为了使自己的小圈子更壮大，就只选用自己的亲信，只选择"靠得住"的人，而排除"外人"。对于有德有能，又不是自己同党的人不但一律弃之不用，还要百般压制。他们用人的标准不是凭个人的才干，更不会通过"公平竞争"，他们看中的是对方是否是"自己人"、是否能认同小圈子中的信念、是否维护小圈子的利益。

企业常存在着这种不正常的"小圈子"。而作为管理者，最忌讳的就是组织里有这样的"小圈子"。因此，管理者唯有及早打破这种"小圈子"，才能摆脱管理困境，让企业运行畅通。

英国的劳埃德保险公司历史悠久，人员众多，为"小圈子"的形成和发展提供了不少有利条件。20 世纪 70 年代后，该公司的规模又扩大了 3 倍，内部的贪污和舞弊行为激增。

1982 年，劳埃德公司遭遇豪顿事件，使公司内部的贪污事件公之于众。劳埃德公司声誉日下，令公司的高层领导极为震怒，当即下令辞掉豪顿经纪公司的 5 名主管，有关经理也受到相应处罚。同时，经过进一步追查，发现劳埃德的另几家联合体也牵涉在内。可见，劳埃德的"小圈子"弊病已经危及公司的生存。

总经理戴维森下定决心要彻底进行内部整治，强化财务规章制度。公司的第一项措施就是进行严明的分工，相应地建立具有

领导力
全项修炼

革新意义的内部规章制度，并且严格制定保密制度、责任制度、偿付能力，以取代非正常的"小圈子"。劳埃德公司采用了现代化的经营管理方式，力图冲破内部的各种阻力，使公司摆脱内部"小圈子"的困扰和豪顿事件的负面影响，使公司庞大的保险业务获得生机。但是戴维森认为，这只是改革的第一阶段，下一步的任务是将小圈子的外围组织打破：起诉保险商和联合组织的一些经理人，让他们为其非法行为承担刑事责任。他强调，在公司内部想牟取私利，将是不能容忍的。经过戴维森的一番彻底"诊治"，劳埃德公司内部呈现出一派生机盎然的新气象。

劳埃德保险公司的转折让我们相信，打破"小圈子"是管理者拯救危险状态的组织的必然行为，管理者一旦纵容"小圈子"的发展，任其势力膨胀而不加干预的话，那它就会变大，或割据一方，搞独立王国，或藐视领导，或公然向最高领导挑战。这种尾大不掉之势一旦形成就很难处理了。有时管理者即使发现了"小圈子"的存在，由于气候已成，处理时也不免投鼠忌器，难以下手。

"小圈子"之于整个公司，就如肿瘤之于人体，一旦肿瘤恶性膨胀，就有吞噬整个机体的危险，就会形成癌症，威胁人的生命。所以管理者绝不能容忍"小圈子"的存在。管理者不能纵容姑息，要坚持把它砸烂。具体做法就是要么去掉"小圈子"中的头目，要么把整个"小圈子"一并拔除。总之，绝不能坐视不理，要及早发现，及早拆散。

让"横茬"变成"竖茬"

阮总手下有 8 名电脑程序开发员，他和他的部属相处得很愉快，唯独与柯易例外。柯易总是能够解决令大家头痛的难题，而且其工作业绩也很好，这使他在公司非常出名。

本来这是件值得庆幸的事情，因为大多数主管都希望自己的下属能干。可问题在于柯易把迟到早退当作家常便饭，甚至没有到下班时间就找不到人了。但是他又总能在有限的时间内将工作做完，而且做得比别人好。

尽管如此，阮总仍然认为有必要改变柯易的行为方式，因为他的行为已经影响了其他人的工作。于是阮总约他面谈，阮总首先肯定了柯易很强的工作能力及其出色的思维，接下来问他为什么总是迟到早退，并指出这样随意变动工作时间对大家来说是不公平的，因为这已经影响了其他人和整个部门的工作。

但是自以为是的柯易认为既然别人跟他在能力上有差距导致了问题的产生，那么应该改变其他人的工作，或者是他自己换一份工作。他抛给阮总一个带有威胁意味的难题。

阮总并不想把事情搞得那么僵，并委婉地让柯易明白这家公司的电脑部门很有发展前途，而且他在这家公司刚做不久，离开这家公司未必会有他施展才能的舞台，频繁跳槽对他来说很不利，

领导力
全项修炼

因此不是一种明智的选择。

于是柯易说出了自己内心的真实想法，他想得到提升，如果他的职位比现在高，那么别人就不会抱怨他的工作时间了。他认为自己的工作实际上已经合乎提升的条件，现在提升更加名正言顺。他认为阮总应该看到这一点，而且有权力这样做。最后建议阮总不妨给自己个不同于其他人的称呼。

阮总虽然感到很意外，但仔细一想觉得柯易的话也很有道理，因为事实上他的确是优于其他程序开发员。但阮总还是担心这是对柯易的放纵。更何况在企业中不仅仅是技术能力强就可以做企业领导，自己连按时上下班这些公司的基本规定都无法自觉遵守，怎么可能给其他员工起表率作用呢？

因此阮总认为，如果按照柯易的意思来改变他的工作职位或是予以晋升，这样做只会强化他恶劣的态度及行为，并鼓励其他同事起而效尤。但他还是必须对柯易的要求做出答复，因为处理不当很可能对他造成挫折，使事情变得更棘手。

阮总再一次找柯易谈话。这次，阮总更加仔细而又平静地倾听柯易所说的话，终于察觉到了他经常性迟到早退的不良工作行为之后的工作态度。

实际上柯易是那种需要上司额外关注的员工，原因很简单，因为柯易总是能够比其他员工更好地完成工作，他觉得自己没获得应有的权利，心理不平衡，最后他的不满便以违纪的形式表现出来。因此，自认为不受上司特别的关注是柯易这种行为背后的原因。

为此，阮总向他保证，他对公司的贡献上司们都心中有数，并拿出他对柯易的工作记录证明自己所说的话是真实的，并一再强调柯易对公司的贡献是非常有价值的。同时再次提醒他，正因为他的工作有价值，所以他经常性的迟到对整个部门的运作产生的负面影响也是巨大的，会使其他员工仿效而导致效率降低，其后果是不利于全体部门的。这次谈话之后，柯易的行为便有了改变。此后，阮总继续不定期地跟他交流，以便巩固上次谈话的结果。最终柯易因卓著的工作业绩受到了公司的嘉奖。

像柯易这样的员工在许多公司中都存在，有人称之为"横茬"员工，他们有着自己的见解。以自己的想法工作时，冲劲十足。会遵从其认定有权威的人所说的话，但遇到某些场合时，他们不会完全遵守，总会加入自己独特的想法。不关心同事与工作部门的状况，也不加入他们的行列，不擅长社交。简而言之，在自己一人就足以完成深感兴趣的工作范围内，他们是很出类拔萃的。但在与他人协力完成，或领导他人工作时，就变得很不合群，从而给企业的管理造成了一定的影响和障碍。这就要求管理者对这类员工采取一定的方法，进行适当的引导。

管理专家们认为，要将"横茬"变成"竖茬"，同时又不影响其特殊才能的发挥，可以从以下几个方面努力：

（1）研究他本人所具备的特征。"横茬"的特征未必皆如上所述，所以首先要仔细研究现实的"横茬"的特征，包括优点

领导力
全项修炼

和缺点。接着，研究较易对他施展管理权的部分。如前所述，"横茬"会遵从其认定有权威的人说的话。所以，管理者要根据他的判断基准，研究如何才能使权威获得认可。

（2）经常和他谈话。谈话的重点如下：首先，要坦白地褒奖他的业绩。适当的评价能使他的心向管理人员打开。其次，要求他遵照管理者的指示。他如果能了解组织应有的状态等基本常识，心中多少会觉得内疚。不要只采取正面迎击的突破方法，也要想出能应对各种状况的方法。就像在十字路口，车子如果不听从警察指挥，应该要采取什么应变措施。

（3）建立系统。分派给他必须获得同事协力的任务，或是必须留意整个部门的任务。让他体验无法获得成员的协力时，管理者是如何忧心忡忡。分派给他这些任务，即使心里不愿意，也不得不与管理者密切接触，于是就养成遵守管理者指示的习惯。

（4）以管理业务来提高实绩。"横茬"的价值基准大多为工作，管理者如能以管理业务来提高实绩，则能令对方刮目相看，自然能赢得对方的尊敬。

（5）管理者要严格地自我反省。某位职员会变成"横茬"，一定有其脉络可寻。在演变成"横茬"的初期阶段，只要简单的对策就可使其恢复原状。"横茬"之所以会存在，不是管理者束手无策，就是没有实行有效的对策。因此，管理者必须严格反省与检讨自己的管理行动。如果管理者不能反省与检讨，改正自己的弱点，则无论什么对策，恐怕也无法产生太大的效果。

（6）变更负责的业务。"横茬"最大、最强的基盘，就是以负责的业务来提高实绩。只要他的这个最大据点没有崩溃，他便会安分守己的。变更"横茬"所负责的业务，也会导致其他员工负责的业务变更，暂时使得工作部门整个生产力降低。此时，包括"横茬"在内，员工的适应力会出现问题。因此，这个处置是最后的一张王牌。

不过，需要注意的是，管理者对于各种惩戒措施，如停职、停工或是解雇等各种处分方式即使是在职权之内，最好还是在这些惩戒方式施行前，能确定是否合乎公司的政策，并寻求公司上层的支持。如果是整个团体都涉及惩戒，管理者也还是有必要贯彻公司的规定。因此，不到非常时刻，不要采取惩戒措施。开篇的案例显示，认真、充分的面谈是解决问题的好途径。因为成功的面谈可以给双方创造一个合适的环境。要使面谈成功，不但要做充分准备，还必须掌握一定的技巧。

如何处理员工的对抗

人与人之间的关系，有时是十分微妙的，尤其是在有利害冲突的员工之间，如果双方都年轻气盛，就很容易发生大大小小的

领导力
全项修炼

对抗。

作为管理者，如何调解员工之间的纠纷，这实在是个棘手的问题。问题处理不当，因公事变成私人恩怨，恐怕日后在工作上就会成为难解开的结。俗话说："明枪易躲，暗箭难防。"有人向你发一支明箭，也足以叫你头痛的了。如果对员工间的矛盾处理不当的话，极有可能埋下一颗定时炸弹。

记住，在调解这些问题时一定要以公平为基本准则，不偏不倚，一碗水端平。要学会"和稀泥"，当个"好好先生"。没有必要去追查事情的来龙去脉，因为有些事情很可能是"公说公有理，婆说婆有理"，身为管理者，你所要做的只是把事情冷却，告诉双方"一切到此为止"。同时，你还必须指出问题所在，例如某人的态度要改善、某人应该事事以公事为重。

同时作为管理者也应该懂得企业的内部竞争是必然的，只有竞争，员工才有危机感，才有进取意识，才有压力，才会保持毫不松懈的斗志。因此，管理者应该这样做：

（1）通过对抗考验员工的能力和品格。管理者常常需要物色一位接班人，这位接班人无疑要在自己得力的员工中选择。员工的考核，平常当然是以能力、绩效、品德等项目来评定。当员工之间发生对抗时，也可当作考核的机会。此时你可由双方所争论的问题、立场、见解或动机，去了解他们的修养、气度、眼光、忠诚等，据此作为你物色接班人的参考。

（2）有限度地鼓励对抗，来激发员工。竞争是促进进步的原动力。有限度地鼓励纷争，不一定要做出非常明白的表示，以暗示或默认的态度，即会让对抗的双方获得鼓励。不过这种获得上级鼓励的对抗，如果双方不知自制的话，后果也是相当严重的。

鼓励员工之间的对抗，应用于双方都有争胜的"野心"，欲求工作上的表现或建议。如果有"私人"介入的话，你应即刻出面澄清、调和，阻止对抗的范围扩大。否则，将会产生不利的影响。

（3）善于分析。中国有句古话，"偏信则暗，兼听则明"，是说只有同时听到两种不同意见，才能在分析比较的基础上，避免片面性，得出正确结论。有不同意见通过对抗，各抒己见，可以找出其中的缺点与瑕疵，加以弥补，可以肯定优势，加以发扬。在对立的冲突中，方案得到不断的修改、更新、完善，从而真正成为经得起推敲的最佳方案。

所以，没有反面意见时不宜草率做出决策。

（4）适当地调整职务。双方的对抗，有时很可能是本位主义在作祟，以致攻击对方所属的部门或所掌握的职权，尽力维护自身的立场。本位主义的产生，一方面固然是人的本能；另一方面可能是由于沟通不够。如果可能的话，将双方对调职务，也许对抗的情形就可以消解。不过，这也要视工作的性质及双方的特长而定，不可盲目调整，以致局面越搞越糟。

员工之间有对抗，管理者切忌在不明情况时就偏袒某一方。除非你已准备失去另一方的忠诚，否则，最好不要介入。这样，你才能在最后以一个客观且公正的姿态去解决问题，使企业不因

领导力
全项修炼

对抗而受到损害。

需要注意的是，管理者要引导好内部的竞争，如果造成尔虞我诈、钩心斗角的内部自相争斗，那就得不偿失了。

员工之间可能为了争权夺利而明争暗斗。如果管理者能够巧妙地加以引导，就能收到意想不到的效果。一个能够控制局势的管理者，总是善于在各种矛盾对抗的局面中寻求平衡，从而消除对抗，以利工作。

酒与污水定律：及时清除团队中的"烂苹果"

酒与污水定律是指把一匙酒倒进一桶污水里，得到的是一桶污水；如果把一匙污水倒进一桶酒里，得到的还是一桶污水。这跟中国的一句俗话"一粒老鼠屎坏了一锅粥"很像。

在任何组织里，几乎都存在几个问题人物，他们存在的目的似乎是把事情弄糟。最糟糕的是，他们像果箱里的烂苹果，如果不及时处理掉，就会迅速传染，使果箱里的其他苹果也烂掉。"烂苹果"的可怕之处，就在于它那惊人的破坏传导力。

把一个正直能干的人放入一个混乱的部门，他可能会被吞没，而一个无德无才者能很快将一个高效的部门变成一盘散沙。破坏者能力非凡的另一个重要原因在于，破坏总比建设容易。一个能工巧匠费尽心力制作的陶瓷器，一个破坏者可能在一秒之内就会将其毁掉。如果一个组织里有这样的破坏者，即使拥有再多的能工巧匠，也不可能有多少像样的工作成果。因此，如果你的组织里有这样的破坏者，你应该马上将其清除掉。

总之，企业要发展，就要把这些"烂苹果"淘汰掉。这就要求企业管理者冲破感情的束缚，要有果断扔掉烂苹果的魄力和勇气。

日本伊藤洋货行董事长伊藤雅俊就是这样一个有魄力的管理者。

起初，伊藤洋货行是以衣料买卖起家的，后来进入食品业。由于公司内部没有食品管理方面的人才，伊藤洋货行的创始人伊藤雅俊花了不少代价才从东食公司挖来了岸信一雄。岸信一雄来到伊藤洋货行以后，重整了公司的食品部门，他的努力，让公司的业绩在10年间提高了数十倍，对公司可谓功勋卓著。但随着公司业绩的提高，岸信一雄开始居功自傲，无视公司制定的规章制度，更排斥公司的改革措施，公司的战略决策每次只要是执行到岸信一雄那里就一定止步不前。他不仅自己不再提高工作业绩，为公司创造价值，还对那些勤奋敬业的员工冷眼相看，嘲笑他们即使再干10年也休想获得成功。

在他的影响下，不少员工都开始消极地对待工作，整个部门的效率直线下降。董事长伊藤雅俊屡次对他进行批评教育，无

领导力
全项修炼

奈他不但不改，还变本加厉，最后公司决定把他辞退。公司的这一决定在公司乃至日本商界引起了不小的震动。尽管公司内部的人都知道岸信一雄如何飞扬跋扈，但人们仍然认为辞退他是不公平的。

在面对舆论的尖锐质询时，伊藤雅俊却理直气壮地说："秩序和纪律是我们企业的生命，我们不能因他一个人而降低整个企业的战斗力！"今天，我们从企业的发展大局来看待这件事，伊藤雅俊的做法是正确的，严明的纪律的确不容漠视，团队中的"烂苹果"的确需要及时清除。

在一个企业，身为管理者，必须对那些实在难以管教的员工当机立断，立即解雇！唯有如此，管理者才能降低组织内耗，促进组织和谐发展。

第十章／

执行能力修炼：打造高效执行力的6个关键

没有执行力，就没有竞争力

执行力是推动工作、落实制度的前提。制度制定、决策下达之后，关键是要执行，再好的制度和决策，如果没有人去执行或执行不到位，也是没有用的。因此，作为企业的管理者，你的工作必须着眼于有效的执行上。

美国总统麦金莱要求安德鲁·罗文将信送给加西亚，安德鲁·罗文克服了种种难以想象的困难，最后终于圆满地完成了这项神圣使命。安德鲁·罗文因此而被世人所称颂。但是，如果安德鲁·罗文当时不能执行这项任务，那么这项任务的价值就等于零。

在企业同样如此，如果制定了制度而不去执行，做出了决策而不去实施，也同样是分文不值。要知道，没有执行力，就没有竞争力！

很多时候，员工执行不力的原因在于拖延。一个企业，当管理者制定了制度或做出了决策时，影响这些制度或决策实施的，往往是员工长期以来在不知不觉中养成的拖延的恶习。

这里不妨举个简单的例子：一个企业的考核制度是规定每个月的最后一天提交工作报表。但是拖延的恶习让很多员工拖到下个月，这一恶习导致的结果是直接影响了领导对于每个人工作进展的判断，不能很快制订出新的工作计划，导致企业的整体工作安排向后顺延，直接耽误了企业发展。

因此我们说，立即落实制度规定的每一项工作细节，决不拖延上级布置的每一个工作任务，是卓越员工必须具备的执行素质之一。

《财富》全球最有影响力商业人士排行榜中，埃克森美孚石油公司董事会主席兼总裁李·雷蒙德的名字常名列前茅。

有人说，李·雷蒙德是工业史上绝顶聪明的总裁之一，是洛克菲勒之后最成功的石油公司总裁，因为没有人能够像他一样，令一家超级公司的股息连续21年不断攀升，并且成为世界上最赚钱的一台机器。

李·雷蒙德的人生信条就是：决不拖延！在他的影响下，这一信条已经成为他所在公司秉持的理念之一。埃克森美孚石油公司之所以能跃升为全球利润最高的公司，离不开埃克森公司和美孚公司的携手，更离不开一支决不拖延的员工队伍。李·雷蒙德的一位下属曾经这样解释这一理念：拖延时间常常是少数员工逃避现实、自欺欺人的表现。然而，无论我们是否在拖延时间，我们的工作都必须由我们自己去完成。通过暂时逃避现实，从暂时的遗忘中获得片刻的轻松，这并不是根本的解决之道。要知道，由于拖延或者其他因素而导致工作业绩下滑的员工，就是公司裁员的必然对象。必须记住的是，没有什么人会为我们承担拖延的损失，拖延的后果只有我们自己承担。如此一来，我们就可能在

领导力
全项修炼

一个庞大的公司里，创造出每一个员工都不拖延哪怕半秒时间的奇迹。

责任心为执行撑起一片天

一个有责任心的人做一件事情就一定要做好才罢休，绝不会半途而废。因此，企业要想提高执行力，问题不在于管理经验的高低，而在于每个人的责任心。

某县有位干部因业绩突出而被领导选中调往省城，而他却自愿留守县城，虽然干得有声有色，却也辛苦至极。别人问他："值得吗？"他答道："既然留下来，就有责任干好。"这是责任的力量。有些部门，因职位高下、利益不均，有人就推三阻四、拖沓怠工；可也有人照样无利而往、披星戴月地工作，单位兴旺发达了，他们仍旧默默无闻，只是一个幕后英雄而已——可是他们的出发点很简单，"干这份事，就要为此负责"。由此可见，在企业发展阶段，企业员工的责任心更能影响企业的生存和发展。只要责任心有了，便会凡事严格要求，在执行中不打折扣，不玩虚招，做到令行禁止。

遗憾的是，现实生活中的情形并不完全如此乐观。有一家公司员工给一家有合作意向的公司老板发送电子信函，连发几次都被退回，向那位老板的秘书查询时，秘书说邮箱满了。可是4天过去了，邮件还是发不过去，再去问，那位秘书还是说邮箱是满的！试想，不知这4天之内该有多少邮件遭到了被退回的厄运？而这众多被退回的邮件当中，谁敢说没有重要的内容？如果那位秘书能考虑到这一点，恐怕就不会让邮箱一直满着。作为秘书，每日查看、清理邮箱，是最起码的职责，而这位秘书显然是责任心不够。

人们在企业各部门还常见到这样的员工：电话铃声持续地响起，他仍慢条斯理地处理自己的事，根本充耳不闻。一屋子人在聊天，投诉的电话铃声此起彼伏，可就是无人接听。若有人询问，他们的回答竟是："还没到上班时间。"其实，离上班时间仅差一两分钟，就看着表不接电话。有些客户服务部门的员工讲述自己部门的秘密："5点下班得赶紧跑，不然慢了，遇到顾客投诉就麻烦了——耽误回家。即使有电话也不要轻易接，接了就很可能成了烫手的山芋。"

不是上班时间就不做，看上去没什么大不了，却恰恰反映了员工的责任心。而正是这些体现员工责任心的细小之事不去执行，才影响企业的信誉、效益、发展，甚至生存。那么，员工为什么会缺乏责任心呢？

首先，因为管理者根本就缺少经验，缺乏智慧，不知道该如何体现和增强员工的责任心。

领导力
全项修炼

其次，企业的管理者思想懈怠或疏于管理监督，员工自然跟着懈怠。正所谓"领导懈怠一，员工能松懈十"。

最后，人的天性使然。人天生就有一定的惰性，企业的规章制度原本执行得很好，但时间一长就自然产生懈怠，思想上一放松，责任心就减弱，行为上自然就松懈，再体现到日常工作中就是执行力下降。

总的来说，责任心体现在三个阶段：一是执行之前，二是执行的过程中，三是执行后出了问题。那么如何才能提升人的责任心呢？首先，在执行之前就要想到后果；其次，要尽可能引导事物向好的方向发展，防止坏的结果出现；最后，出了问题敢于承担责任。勇于承担责任和积极承担责任不仅是一个人的勇气问题，而且是执行力是否能到位的关键，因此，企业从上至下都应该增强责任心的训练，让责任心为执行撑起一片天！

让"尽力而为"从员工嘴中消失

如果说企业是一个庞大的机器，那么每个员工就是机器上的零件，只有他们每个人都尽力而为，发挥出自己的作用，企业这个庞大的机器才能得以良性运转。企业是不断发展的，管理者就应根据实际动态情况对人员数量和分工做出有利的调整。如果企业中有人滥竽充数，对工作不尽心，那么给企业带来的不仅仅是工资的损失，而且会导致其他人员的心理不平衡，最终导致企业整体工作效率下降。

企业的管理者一定要把员工培养成为具有以下精神的员工，这样才能在工作中尽职、尽责、尽力，真正让"尽力而为"从员工嘴中消失。

1. 干工作就是干事业

管理者应该让员工做到把工作当成事业，如果能让员工从事业的角度看待职业和工作，就能少一些怨言和愤怒，多一些努力和忍耐；在一次次超越的过程中不断拓宽视野，从中领悟一些道理，增加一些本领和技能。

2. 奉献企业

作为一名管理者，要培养员工的奉献精神，让他们认识到自己和企业是一体的，要有"今天我以公司为荣，明天公司以我为荣""我是公司中的一员，我必须对公司负责"的思想。要让员工认识到，对工作负责就是对自己负责。

3. 把敬业当成一种习惯

管理者要培养员工把敬业当成一种习惯。如果员工没有敬业精神，就不可能把工作做好，这也阻碍他们潜力的发挥。一个人放弃了自己的职能，就意味着放弃了自身在这个社会中更好生存的机会，就等于在可以自由通行的路上自设路障，摔跤绊倒的也只能是自己。

4.用热忱点燃工作激情

管理者要让员工正确地认识自身价值和能力，对工作产生激情。当员工对自己的工作产生激情时，就会产生一种肯定性的情感和积极态度，并产生一种巨大的精神动力。即使在各种条件比较差的情况下，也不会放松自己的要求，甚至会更加积极主动地提高自己的各种能力，创造性地完成自己的工作。

在商业竞争中，企业的发展需要全体员工尽力而为，在各自的岗位上尽职尽责，尽力做好每一件事情。只有这样，才能避免在企业内部出现如互相扯皮、期望不一致、员工对自己的职责感到迷惑不解、运动式管理和推辞、怠工等问题。

落实执行力关键在于责任到位

实际工作中，一些企业之所以会出现一些重大决策没有很好地落实到位，一些重要政策在落实过程中打了折扣，一些重大工程在实施过程中进展缓慢等现象，往往不是因为方向不明、道理不清、招数不对，而是因为责任划分不清。

一个家电制造有限责任公司曾经发生过这样一起"事故"：

3号车间有一台机器出了故障，经过技术人员的检查，发现原来是一个配套的螺丝钉掉了，怎么找也找不到，于是只好去重新买。

采购过程波折重重。先是发现市内好几家五金商店都没有那种螺丝钉，又发现就连市内几家著名的商场也没有。

几天时间很快就过去了，采购员还在寻找那种螺丝钉，可是公司却因为机器不能运转而停产。于是，公司的管理者不得不介入此事，认真打听事故的前因后果，并且想方设法地寻找修复的方法。

在这种"全民总动员"的情况下，技术科才想起拿出机器生产商的电话号码。打电话过去询问，得到的答案却是："你们那个城市就有我们的分公司啊。你联系那里看看，肯定有。"

联系后仅过了半个小时，那家分公司就派人送货来了。问题解决的时间就那么短，可是寻找哪里有螺丝钉，就用了一个星期，而这一个星期，公司已经损失了上百万元。

很快，公司又恢复了正常的生产运营。在当月的总结大会上，采购科长特别提出了这件事情。他说："从技术科提交采购申请，再经过各级审批，到最后采购员采购，这一切都没有错误，都符合公司要求，可是结果却造成这么重大的损失，问题竟然是因为技术科的工作人员没有写上机器生产商的联系方式，而其他各部门竟然也没有人问。之所以会出现这样的问题，是由于公司责任划分不清，才导致了需要负的责任没有人负！"

可见，企业组织的岗位与岗位之间、员工与员工之间，都是责任与责任的关系，他们之间就如一台高速运转的机器中一个个相互啮合的齿轮，每一个齿轮的运转，都对整个机器的运转发挥着重要的作用。很可能一个齿轮的缺失，将导致整个机器停止运行；小螺钉缺失，产生机器运行的缓慢和危险。责任落实不到位，一点点小问题就可能酿成大祸，使企业蒙受巨大的损失！

最宝贵的精神是落实的精神，而最关键的落实是责任的落实！落实任务，先要将责任落实到位，因为责任不清，则无人负责，无人负责，则无人落实，无人落实，则无功而返。责任落实是否到位，是抓好工作落实的重要保证。

只有责任落实到位，才是落实任务，对结果产生作用的真正力量。只有将责任落实到位，我们的单位和企业才能更加欣欣向荣；只有将责任落实到位，战略才能隆隆推进，崭新的未来才能扑面而来；只有将责任落实到位，个人的潜力才能得到无限的开发，个人才能一步步走向成功。

执行问题没有商量的余地

没有哪一个管理者不希望自己的企业永远长青，充满激情。我们不妨回首历史，看看一些有名的企业，是如何做到这一点的。

通用电气在一百多年前曾和十几家公司一起作为道琼斯指数股。然而一百多年后的今天，那十几家公司中只有通用电气仍然是道琼斯指数股，这是为何？通用电气能够基业长青的原因有很多，但无疑，卓越的企业执行力在其中起到了举足轻重的作用。

通用电气执行的有力推动者之一就是韦尔奇。韦尔奇有过一个著名的领导者4E公式：有很强的精力；能够激励别人实现共同目标；有决断力，能够对是与非的问题做出坚决的回答和处理；最后，能坚持不懈地实施并实现他们的承诺，也就是执行。

在韦尔奇的畅销书《赢》中有这样几段话：

其他3个"E"我们总是能轻易地明白，第四个"E"也好像是水到渠成，但是好些年以来，其实我们在通用电气只关注到了前3个"E"。很多人以为，能具有前3个"E"的品质的人就已经相当好了。也因此，我们选拔出了很多，有数百名员工，并把他们归结为前3个类型。然后，很多人走上了管理岗位。

想想那个时候，我经常去参加一些业务会议和一些管理论坛，同行的还有通用电气负责人力资源管理的老板比尔·康纳狄。在评议会上，我们经常会查看一些管理者的资料，那上面有每一位经理人的照片，他的老板所做的业绩评定，另外，每个人的名字上都画有3个圈，分别代表上面的一个"E"。这些圆圈会被涂上一定面积的颜色，以代表该员工在相应的指标上所展示出来的实力。例如，有的人在"活力"上面可能得到半个圈，在"激励"上面得到一个圈，在"决断力"上面得到1/4个圈。

领导力
全项修炼

在对上面这些人进行考察之后，我们从中西部地区乘坐飞机出发，飞回总部。比尔一页页翻看那些厚厚的"很有潜力"的员工的资料，发现它们大都有3个被涂满的圆圈。于是，比尔转向我："你知道，杰克，他们都是这样的出色，但我能肯定，我们肯定遗漏了某些重要的指标。实际上，通过调查，他们中的一些人的成绩却很是不好。"被我们遗漏的东西正是执行力。

结果显而易见，你能拥有奋斗的激情，懂得如何去感染每一个人，能够不断地进步，有出色的分析能力，还能够做出坚决的判断，但你可能依旧不能跨越终点。执行力是一种专门的、独特的技能，它意味着你要明白如何去做，要有决然的毅力去付诸行动，而且不能退步。在这其中，你可能要受到很多的非议、阻力、迷茫、模糊，甚至是上级的阻挠。有执行力的人非常明白，"赢"才是结果。

这就是韦尔奇，一个从通用电气最基层的普通员工，一步步走到通用电气的首席执行官的韦尔奇！他完美地展示自己特立独行却又行之有效的管理理论，打破通用电气这个多元帝国的官僚主义，以强硬作风、追求卓越的理念推动通用电气业务重组，构筑"数一数二"和"三环战略"（核心生产、技术、服务），实现通用电气公司"六西格玛管理、全球化、E化、听证会"的四大创举。

韦尔奇曾经立下宏志，向所有通用电气的员工发出了号召，他要用自己的管理方式，让通用电气成为"世界上最有竞争力的公司"的战略目标，并以此作为人生的准则：

直截了当：明确、坦诚地传达需要完成的任务。

不出人意料：始终如一；不要隐瞒重要问题。

用事实说话：应该提供做出战略选择的依据，包括数据。

信守诺言：要言行一致，否则将失去信任。

从韦尔奇的故事，以及他向员工传达的指导思想中我们完全有理由相信，优秀的"执行力"对于成就通用电气可谓是居功至伟！

正是这种对执行的执着成为韦尔奇出任首席执行官后一切改革的原动力。他历经旧体制的层层曲折，深知哪里是最阴暗的深处、哪里有无所事事的敷衍、哪里是最殷切的盼望，所以，执行之时，绝不手软，毫无商量的余地。为此，他曾有"中子弹杰克""美国最强硬的老板"之称。

任何一个企业，想要成功，管理者就必须亲自参与到企业中，从中吸取失败的教训，总结出合适的理论，并坚决地落实决策到企业的具体行动中。

一个公司的效率不在它的大楼，也不在它的人员，更不在它的会议，而在它的贯彻力度。正如我们常说的，"光说不练假把式"，管理者如果不能坚决果断地执行所有正确的决策，就不可能获得期待的成功。

领导力
全项修炼

第十一章

运权能力修炼：掌握有效授权的力量

通过授权提升领导力

授权是现代领导的分身术。南希·奥斯汀说："它（授权）是人人都是企业家的现象，这能使每个人都成为经营战略信息流当中的一员，使每个人都成为主人翁。"现代社会，领导者面临科技、经济、社会协调等千头万绪的工作，纵使有天大的本事，仅靠自己一个人也是绝对不行的，必须依靠各级各部门的集体智慧和群体功能。这就要根据不同职务，授予下属以职权，使每个人都各司其职，各负其责，各行其权，各得其利，职、责、权、利相结合。如此一来，就能使领导者摆脱烦琐事务，以更多的时间和精力解决全局性的问题，提升领导力。所以与职务相应的权力不是领导者的恩赐，不是你愿不愿给的问题，而是搞好工作的必需。

如何更有效地发挥下属的积极性、创造性，是现代企业管理中令企业领导十分感兴趣的问题，并且，不少企业进行了卓有成效的尝试。当今巴西最负盛名的企业集团——塞氏工业集团，创造出了一种旨在最大限度地发挥员工积极性、创造性的全新管理模式。

塞氏企业是一个生产多种机械设备的大型集团。几年前，理

领导力
全项修炼

查德·塞姆勒从父亲手中接下塞氏时，它还是个传统的企业。刚开始，塞姆勒也深信拥有纪律的高压管理能创造效益，以统治数字为武器的强干也能主导业务。但在一次生病后，塞姆勒的这种想法发生了彻底的改变。

塞姆勒先是取消公司所有的规定。因为他认为规定只会使奉命行事的人轻松愉快，却妨碍弹性应变。原本在塞氏，每位新进入的员工都会收到一本20页的小册子，重点提醒大家用自己的常识判断解决问题。

而现在，塞氏企业的员工已经可以自定生产目标，无须劳驾管理人员督促，也不要加班费。主管们也享有相当大的自主权，可以自行决定经营策略，不必担心上级会来干预。最特别的是，员工可以无条件地决定自己的薪水。因为塞氏主动提供全国薪水调查表，让员工比较在其他公司拥有相同技术和责任的人所拿的薪水数目，塞姆勒毫不担心有人会狮子大开口。

员工们也可以自由取阅所有的账册，公司甚至和工会一同设计了专门课程，教全体员工如何看各种财务报表。

每当要做真正重大的决定时，例如要不要兼并某公司等，塞氏将表决权交给公司全体员工，由全公司员工的投票结果决定。

塞氏没有秘书，没有特别助理，因为塞姆勒不希望公司有任何呆板的而又没有发展的职位。全公司上上下下，包括经理在内，人人都要接待访客、收传真、拨电话。塞氏曾做过试验：将一叠文件放进作业流程，结果要3天才送进隔壁办公室对方手里，这更坚定了塞姆勒要精简组织的决心。

塞姆勒不像别的老板那么勤于办公。早上他多半在家里工作，因为他认为那样比较容易集中精力。他甚至鼓励公司其他经理也像他一样在家里工作。此外，他每年至少外出旅行两个月，每次旅行都不会留下任何联络的电话号码，也不打电话回公司，给塞氏其他领导充分的职权，因为他希望塞氏的每个人都能独立工作。

塞氏继对组织进行变革后，也改变了部门之间的合作方式。比如某个部门不想利用另一个部门的服务，可以自由向外界购买，这种外界竞争的压力使每个人都不敢掉以轻心。塞氏还鼓励员工自行创业，并以优惠的价格出租公司的机器设备给创业的员工，然后向这些员工开设的公司采购需要的产品。当然，这些创业的员工也可以把产品卖给别人，甚至卖给塞氏的竞争对手。

塞姆勒一点都不担心这样会弄垮塞氏，他说，这样做使公司反应更敏捷，也使员工真正掌握了自己的工作——伙计变成了企业家。

此外，塞氏还进行工作轮调制。每年他们有 20% ~ 25% 的经理互相轮换。塞姆勒认为，人的天性都是闲不住的，在同一个地方待久了，难免会觉得无聊，导致生产力下降，唯一的方法就是轮调。同时由于塞氏的各项工作速度及频率都太快了，这给员工造成了相当大的压力，塞氏非常重视专业再生充电，也就是休假制。因为这可以让员工借此机会重新检讨个人的工作生涯

领导力
全项修炼

与目标。

　　令人称道的是，在经济不景气、经济政策混乱的大环境中，塞氏近 12 年来的增长率高达 600%，生产力提高近 7 倍，利润上升 5 倍。无数应届毕业生表示自己有到塞氏工作的意愿。

　　如果领导者对下属不放权，或放权之后又常常横加干预、指手画脚，必然造成管理混乱。一方面，下属因未获得必要的信任，便会失去积极性；另一方面，这也会使下属产生依赖心理，出了问题便找领导，领导者就会疲于奔命，误了大事。因此，企业领导者要下属担当一定的职责，就要授予相应的权力。这样有利于领导者集中精力抓大事，更有利于增强下属的责任感，充分发挥其积极性和创造性。

大事紧抓不放，小事及时分散

　　身为企业领导者，应该负责企业的经营管理，掌管决策大事，保证企业沿着正确的方向发展前进；作为员工，应该按照企业制定的方针政策，在分工负责的原则下，各执其事，认真工作。

　　一个企业犹如一个小社会，政务、业务、事务样样都有，人事、生产、生活一应俱全，每天都有一大堆问题需要处理。面对这种情况，领导者如果事无巨细地亲自去处理，那样就会"捡了芝麻，丢了西瓜"，延误抓大事。领导者只能对那些全面性的、重要的、关键的和意外的问题去亲自处理，把其他问题交由各有关部门和人员去处理。企业无论大小，人员均应有所分工，然后按照分工各行其是，这样既责任明确，不至于误事，也可充分发挥个人的工作积极性。

有的人工作十分繁忙，可以说是"两眼一睁，忙到熄灯"，一年 365 天，整天忙得四脚朝天，恨不得将自己分成几块。

这种以力气解决问题的思路太落伍了。出路在于智慧，采取应变分身术：管好该管的事，放下不该自己管的事。

授权是领导者走向成功的分身术。今天，面对着经济、科技和社会协调发展的复杂局势，即使是超群的领导者，也不能独揽一切。领导者尤其是高层领导，其职能已不再是做事，而在于成事了。因此作为领导，并不意味着他什么都得管。应该大事独揽，小事分散。做到权限与权能相适应，权力与责任密切结合，奖惩要兑现，这样做有许多好处。

第一，可以把领导者从琐碎的事务中解脱出来，专门处理重大问题。

第二，可以激发员工的工作热情，增强员工的责任心，提高工作效率。

第三，可以增长员工的能力和才干，有利于培养干部。

第四，可以充分发挥员工的专长，弥补领导者自身才能的不足，更能发挥领导者的专长。

某公司一位年轻主管负责电视地区分公司的工作，开始的半年里，他每天都是"日理万机"，"百忙之中"渐渐感到力所不及，而公司的员工们并没有如他所希望的那样，以他为榜样，勤勉、主动地工作，反而精神更显低迷。

这种情形引起了这位主管的警觉，他感到一定是自己的管理出了什么问题，才造成这样的情形，而这种情形如不及时得到纠正，后果将不堪设想。

在经过一番思考甚至斗争之后，他开始试着把要做的所有工作按重要性、难易程度排序，把各项工作分派给适合的员工去完成，自己只负责3件事：一是布置工作，告诉员工该如何去做；二是协助员工，当员工遇到自己权力之外的困难时，出面帮助员工解决困难，否则要求员工自己想办法解决；三是工作的验收，并视员工完成工作的状况给予激励或提醒。

在这样做之后，这位主管惊奇地发现，不但自己有了被"解放"的感觉，员工们也开始表现出极强的主动工作的劲头，公司业绩明显攀升。由于自己从大量的事务性工作中解脱出来，所以有充足的时间开始思考公司的发展战略。他描述自己就像一个自动化工厂的工程师，每天只是在优雅的环境里走动，视察自行高效运转的流水线可能出现的问题。

领导者遇到的事有大事、有小事，领导者要全力以赴抓大事。大事就是全面性、根本性的问题。对于大事，领导者要抓准抓好，一抓到底，绝不半途而废。记住"杀鸡不用宰牛刀，掏耳朵用不着大马勺"！

只要是做领导，无论是刚刚上任，还是已经做了很长时间，一定会有许多事情要处理，但千万不要认为，把自己搞得狼狈不堪是最佳的选择。轻松自如的领导者善于把好钢用在刀刃上，厚积而薄发，不失为上策。

集权不如放权更有效

在现代企业中，优秀的领导者是那些有能力使他的下属信服而不是简单地控制下属的人。这就要求，想成为优秀的领导者，就必须善于分派工作，就是把一项工作托付给别人去做，下放一些权力，让别人来做出决定，或是给别人机会来试试像领导一样做事。

当然，有的工作并不是人人都乐意去做。这时候，领导者就该把这些任务分派一下，并且承认它们或许有些令人不快，但是无论如何这个工作也必须完成。

这种时候，领导者千万不要装作好像给了被分派这些任务的人莫大的机会一样，一旦他们发现事实并非如此，也许就会更讨

领导力
全项修炼

厌去做这件事。这样一来，想想看，工作还能做得好吗？为什么总有些领导会觉得把工作派给别人去做是件如此困难的事情呢？下面这几点就是可能出现的原因。

（1）如果领导者把一件可以做得很好的工作分派给下属去做了，也许他达不到领导者可以达到的水平，或者效率没有领导者那么高，或者做得不如领导者那么精细。这时，求全责备的思想就会以为把工作派给别人去做，不会做得像自己做得那么好。

（2）领导者害怕自己一旦把工作交给别人做了之后，就会无事可做。所以那些手握小权的领导者，哪怕是芝麻大的事也不舍得放手让别人去做。

（3）如果让别人去做领导者自己的工作，领导者可能会担心他们做得比自己好，而最终取代自己的工作。

（4）领导者没有时间去教导别人该如何接受工作。

（5）没有可以托付工作的合适人选。

其实，如果领导者确确实实想要把工作分派下去，那上面列举的这五个问题都不会成为真正的问题。因此领导者要做的第一件事就是自己对此事所持的推诿态度。

如果领导者确实有理由担心，你的员工在工作上出了差错之后，领导者就会丢掉自己的工作；或者在领导者工作的地方，氛围很差，领导者担心工作不会有什么起色，这时候，领导者就有必要和自己的上司谈谈这些情况，从而在分派工作的问题上获得他的支持。

如果确实还没有可以托付工作的人选，而领导者自己又已经满负荷运转，那么，也许领导者就有必要考虑一下是不是应该再雇一个人。

当然，放权也要有个度。其中，"大权独揽，小权分散"是现代企业中实行的一种既授权，又防止权力失控的有效办法。

法国统盛·普连德公司是一个生产电子产品、家用电器、放射线和医疗方面电子仪器的大型电器工业企业。该公司属下各分公司遍布全球，为了对这个年销售额达到数十亿美元的大企业进行有效的管理，公司实行了"大权独揽，小权分散"的管理制度。

总公司紧握投资和财务方面的两大关键权力。而且公司所属的分公司，每年底都要编制投资预算报告，并呈报总公司审核，总公司对预算报告进行仔细分析，如果发现有不当之处，就让各公司拿回去进行修改。当投资预算获得批准后，各公司都必须照办。当然，这些预算也不是不可变更的，只要在预算总额内，各分公司的主管还可以对预算内的金额进行调整。通常，分公司的经理拥有对每一个预算项目增减 10% 的权力，如果数目超过10%，那就必须经过高一级的主管批准。

该公司建立了一项十分有效的管理控制员制度，对下属公司的生产，尤其是财务方面进行监督。这些管理控制员在执行任务时，都得到了总公司董事会的全力支持，他们对各公司的制造费用、存货和应收款等特别注意，一旦发现有任务不正常的迹象，就立即报告总公司，由总公司派人进行处理。各分公司每个月的

领导力
全项修炼

财务报表都必须有管理控制人员签字，才能送交董事会。

我们看到，该公司在投资和财务两方面牢牢掌握住大权，但是在别的方面却实行了分权。该公司的领导者认为，大的企业，其领导者不可能事必躬亲，分权制度可以减少领导者的工作压力；即使是小企业，其领导者也不可能事无巨细，包揽每一项工作，也必须给下属分权，让下属发挥其聪明才智，为企业出谋划策，促进企业的发展。

因此，该公司的每一家分公司都自成一个利润中心，都有自己的损益报表，各事业部门的经理对其管辖的领域都享有充分的决策权，同时他们也尽量把权力授予下级，充分发挥分权制度的最佳效果。

自从实行分权管理制度后，统盛·普连德公司就成功调动了各分公司的积极性，生产蒸蒸日上，利润年年增加，获得了相当大的成功。统盛·普连德公司"大权独揽，小权分散"的成功经验，也给现代企业管理提供了很好的借鉴。公司的要害部门要直属，公司的关键大权要掌握在自己手里，其余的权力能放就放。这样，上下级就能劳逸平衡，各得其所，各安其职，每个人的积极性、创造性都得到了充分的调动，同时又不至于发生权力危机。

授权要讲究策略和技巧

领导者面对的是一个个有思想的人，授权时如果不分对象、不看情势，会造成领导者对权力的失控。因此，授权必须讲究策略和技巧，在对权力的一收一放之间找到运用权力的正确节奏。

1. 不充分授权

不充分授权是指领导者在向其下属分派职责的同时，赋予其部分权限。根据所给下属权限的程度大小，不充分授权又可以分为以下三种具体情况：

（1）让下属了解情况后，由领导者做最后的决定；让下属提出所有可能的行动方案，由管理者最后抉择。

（2）让下属制订详细的行动计划，由领导者审批。

（3）下属采取行动后，将行动的后果报告给领导者。

不充分授权的形式比较常见，由于它授权比较灵活，可因人、因事而采取不同的具体方式，但它要求上下级之间必须确定所采取的具体授权方式。

2. 学会弹性授权

弹性授权是综合充分授权和不充分授权两种形式而成的一种混合的授权方式。一般情况下，它是根据工作的内容将下属履行职责的过程划分为若干个阶段，然后在不同的阶段采取不同的授

领导力
全项修炼

权方式。这反映了一种动态授权的过程。这种授权形式，有较强的适应性。也就是当工作条件、内容等发生变化时，领导者可及时调整授权方式以利于工作的顺利进行。但使用这一方式，要求上下级之间及时协调，加强联系。

3. 掌握制约授权

制约授权是指领导者将职责和权力同时指派和委任给不同的几个下属，让下属在履行各自职责的同时形成一种相互制约的关系。如会计制度上的相互牵制原则。这种授权形式只适用于那些性质重要、容易出现疏漏的工作。如果过多地采取制约授权，则会抑制下属的积极性，不利于提高工作效率。

4. 尽量避免授权的程序错乱

一个企业即便人员不多，授权也应该注意一定的程序，否则，授权的结果只会带来负效应，在实际工作中，领导者的有效授权往往要依下列程序进行。

（1）认真选择授权对象。如前所述，选择授权对象主要包括两个方面的内容：一是选择可以授予或转移出去的那一部分权力；二是选择能接受这些权力的人员。选准授权对象是进行有效授权的基础。

（2）获得准确的反馈。领导者授意之后，只有获得下属对授意的准确反馈，才能证实其授意是明确的，并已被下属理解和接受。这种准确的反馈，主要以下属对领导授意进行必要复述的形式表现出来。

（3）放手让下属行使权力。既然已把权力授予或转移给下属了，就不应过多地干预，更不能横加指责，而应该放开手脚，让下属大胆地去行使这些权力。

（4）追踪检查。这是实现有效授权的重要环节。要通过必要的追踪检查，随时掌握下属行使职权的情况，并给予必要的指导，以避免或尽量减少工作中的某些失误。

当然，在授权时，还应注意以下四点：

（1）领导者授权时要注意激发下属的责任感和积极性。授权的目的，是要下属凭借一定的权力，发挥其作用，以实现既定的领导目标。但如果领导者有权不使，或消极使用权力，就不能达到这个目的。因此必须制定奖惩措施，对下属进行激励，引入竞争机制。

（2）领导者要给下属明确的责任。要将权力与责任紧密联系起来，交代权限范围，防止下属使用权力时过头或不足。如果不规定严格的职责就授予职权，往往成为管理失当的重要原因。

（3）领导者要充分信任下属。与职务相应的权力应一次性授予，不能放半截，留半截。古人云："任将不明，信将不专，制将不行，使将不能全其功者，君之过也。"领导者给职不给相应的权，实际是对所用之人的不尊重、不信任。这样，不仅使所用之人失去独立负责的责任心，严重挫伤他们的积极性，一旦有人找他们，他们就会推："这件事我决定不了，去找某领导，他说了才算。"

领导力
全项修炼

（4）领导者授权时要注意量体裁衣。要根据下属能力的大小，特别是潜在能力的大小来决定授职授权，恰到好处地让每个下属挑上担子快步前进，避免有的喊轻松，有的喊累死。

领导者管人是否得当，就是看授权的策略和技巧是否用到位。下属可根据所授予的职权，在实际工作中能否恰到好处地行使权力，胜任职务来判断。领导者务必慎重、认真地授权。

授权需要遵循的原则

授权虽然重要，但并不是每一个领导者都会授权，授权不当比不授权造成的后果更严重。领导者在给下属授权时，既不能推卸责任或袖手旁观，也不能强人所难。授权要遵循几项一般性原则。

1.授权必须综合考虑组织状况

授权要以组织的目标为依据，领导者在分派职责和委任权力时都应围绕着组织目标进行，只有为实现组织目标所需要的工作才能设立相应的职权；授权本身要体现明确的目标。在分派职责的同时，还要明确下属需做的工作是什么、达到的目标和标准是什么、对于达到目标的工作应如何奖励等。只有目标明确的授权，才能使下属明确自己所承担的责任。

2.授权最好采用单一的隶属关系

作为企业，会有多个部门，各部门都有其相应的权力和职责。领导者不可交叉授权，否则会导致部门间相互干涉，甚至会造成内耗，形成不必要的浪费。让一个人负起责任比让几个人共同负责好。在企业里的连带责任，最后往往都是变得责任不清，双方都认为对方会处理，大多会发生袖手旁观不负责任的情形。

3.互相信赖

授权之后，就要完全地信任对方，绝不去干涉。要做到这一点，就需要领导的一项重要能力了，那便是慧眼识英才。一个领导，要处理的事情中最重要的是"生产、财务和人事"。生产和财务两项，都是可以预估的，唯独人事是极大的变数。如何使一个人在他的工作环境中发挥所长，是领导者面临的最大难题。当然这也牵涉职位的晋升、合约等，而最好的方式，便是告诉下属，他的工作性质、职权、责任、晋升标准等，当他清楚自己的工作之后，便放手让他自己去做。这便是"授权并遗忘"。这样，领导才有办法、有心力去应对下一个难题。

4.量力授权

授权是一种权力的分解和转移，当然，这种权力的分解和转移，并不是被动和无条件的。相反，它是主动地、有选择地进行的。所谓主动，就是为了提高管理效率，领导者有意识地实行授权。所谓有选择，主要包含两层意思：一是领导者对将要授予或转移

领导力
全项修炼

出的权力进行选择；二是领导者对接受权力的人员进行选择。

5. 不可"痛打落水狗"

对下属授权，就要对下属放心，就要允许下属在自己职责范围内自主行事，包括犯一些差错或过失。

下属犯了错误时，有的领导喜欢"痛打落水狗"，下属越是认错，他越是咆哮得厉害。他心里想："我说你的时候，你不放在心上，出了事你倒来认错，不行，我不能放过你。"或者："我说你不对，你还不认错，现在认错也晚了！"

这样导致的结果不外乎两种：一种是被责骂的下属垂头丧气，无可奈何地离去；另一种是被责骂的下属忍无可忍，勃然大怒，与领导大闹一场而去。

这时候，被责骂的下属一般都有这样的心理：权力是领导授予的，出了差错，领导也有责任，自己已经认了错，领导还抓住不放，做得也太过分了。这样的领导，让人怎么跟他相处下去？性格刚强的下属会据理力争，与领导争个高下；而性格懦弱的下属则可能从此以后就自怨自艾、自暴自弃。

领导这样做显然是不明智的。下属能够自我反省，主动承认错误，实在是难能可贵的，领导应该给他一个机会，并加以正确引导。拒绝别人悔过，实在不足取。

第十二章

影响能力修炼：
让下属自愿追随你

领导的威望要靠自身提高

领导者之所以能服人，就是因为他们声望高，有影响力、感召力、说服力，能做到振臂一呼，应者云集。

望文生义，威望其实就是"威"与"望"的合称。"威"指的是一个人在才华、能力、气质、业绩等方面所表现出来的霸气，代表人物有汉朝的汉武帝刘彻；"望"则指的是一个人由其自身品德、修养、资历、人缘等魅力所聚集起来的人气。

汉武帝睿智、果敢，他遇到诸侯独霸、权力纷争、制度异化、匈奴侵扰等问题时总能以绝对权威解决，他征匈奴，讨西南，开西域，占河套，灭南越，收东瓯，交乌孙，诛大宛，拓宽了疆域，勾勒出了今天中国的基本轮廓。他"罢黜百家，独尊儒术"，对后世产生了极其深远的影响。汉武帝之所以能成为"功越百王"的历史英雄，就是依靠自身足够的威信，才保证了下属忠实、坚决地执行他的命令。

而汉光武帝刘秀则不同，他年轻时是一位老实、憨厚、勤劳的庄稼汉，性情柔和，后来远赴长安，拜中大夫许子威为师。这期间，刘秀非常刻苦，学习了《尚书》等许多优秀的著作，让自己有了渊博的学识和过人的智慧，加上他温和谦虚、机智果断的性格，成了一位极富魅力和感召力的人物。在后来反对王莽、恢复汉室的斗争中，刘秀更是充分发挥了敏锐的政治眼光，释放奴婢、刑徒，减免赋税刑法等一系列利民举措，不仅成功瓦解了敌军，壮大了自己的势力，也进一步提高了他的人格魅力，让他深孚众望。25年，刘秀在部属的簇拥下足登金殿，成为东汉的开国皇帝。

作为领导者，必须具备一定的威望。威望是领导者实现领导意图、实施有效管理的无形资产和基本素质，是提高领导力的不二法门。然而威望并不是上级能任命的，也不是花钱就能买到的，它必须靠日积月累的努力才能赢得。建立和提高领导威望，领导者需要以德为先，不断努力、不断提高。

以德为先，德包括道德、品行、作风等，优秀的思想品质和良好的道德情操是领导者受人敬仰的基本条件。领导者要想树立良好的威望，做到"德可以服众，威可以慑顽"，首先必须强化道德修养，陶冶情操，净化心灵，树立正确的价值观、地位观、金钱观，不为名所累，不为权所缚，不为利所驱，不为欲所惑，做到严于律己、宽以待人，吃苦在前、享受在后，这样才能达到"不言而信，不怒而威"的境界。

领导力
全项修炼

命令下达后决不妥协

领导者要做到成功地管好人、用好人，首先得保证政令畅通。如果下属能够依照命令完成所赋予的任务，就没有问题。但是在现实生活中，并不是一切都能如此顺利。相信不少领导者都遇到过诸如无法达到预期的营业额、经费超出预算、拿不到预约的原料、无法在约定期限内交货、无法回收成本等各种阻碍而无法达成工作目标的经历。

或许领导者还不时会听到下属埋怨说："这很难办呢！""请再多宽限几天。""我已经尽力了。"

面对这样的状况，领导者该如何处理呢？

领导者处理的基本原则是，命令下达后决不妥协。虽然达成目标并不容易，然而如果每次都延迟进度而重新修正，最后任务的内容就会变得含糊不清。就像下面这个例子一样。

王总认为，为帅者管大事不管小事。于是，每次下达一个命令之后，他就认为自己的工作做完了，把所有的工作一并交由总裁秘书小李去办。

但是公司的几位副总与李秘书又互不服气，执行命令的具体过程中有什么问题副总们也不愿意向李秘书请示，找王总，王总也只是敷衍几句就罢了，于是工作中的问题越积越多。

问题积多了，工作的进展自然就会慢下来，李秘书就想协调一下，但是当他指出一个部门的缺点，负责该部门工作的副总又极力否认，并推脱责任。口舌官司打得不可开交，公司内部搞得人心惶惶，于是工期越拖越长，而且问题越来越多。

这时王总才察觉到不对劲，于是召集相关人员商讨对策，结果就拿出了一个修正案。

这个修正案刚开始执行，王总又以为万事大吉了，又忙其他的事去了，对这件事又不闻不问。

于是类似的问题又冒出来了，中层干部相互扯皮打架，工作进度又停顿下来，新的问题又冒出许多。

王总又不得不来过问这件事，又再开一个讨论会，重新商讨一个修订案……

王总的失策之处就在于他对命令的执行情况监控不严。

下达命令其实只是成功的一半，更重要的是要严格地将相关命令付诸实施。

如果命令不能很好地执行，不能迅速地产生结果，那就没有下达命令的必要了。

领导者在下达命令之前，可以充分发扬民主，调动群体的智慧，积极提意见，但是命令下达之后，就要实行强制手段。

领导者在执行命令时最好做到以下几点：

（1）明确员工在执行命令过程中的权利和责任。每个人都要有明确的任务分工，组织协调要由专人负责，力争做到组织内

领导力
全项修炼

部的所有人都各司其职。

（2）领导者要在执行过程中进行监控，具体的组织工作可以让助手做，但是主要问题一定要由自己把握。一旦实施过程中出现问题和偏差，领导者应立即出面予以解决和纠正。

（3）领导者在监督中要赏罚分明，对于工作积极、任务完成得好的员工要奖赏；对消极怠工、相互扯皮的员工要惩罚。

领导者只有做到以上三点，才能保证决议顺利地执行，保证工作圆满地完成，也才能维护领导的权威！

提升魅力，让下属自愿跟随

在现实世界里，众所皆知的一流领导者无一例外地都具有罕见的人格特质，他们处处展现出魅力领袖的风范。他们不但能够激发下属们的工作意愿，还具有高超的沟通能力，能够动之以情，晓之以理，浑身散发出吸引人的力量，尤其重要的是，他们带领团队屡创佳绩，拥有一连串骄人的辉煌成就。运用奖励与强制力来领导，也许会有效，但是如果要提高自己的领导魅力，让员工自愿跟随，就必须尽最大的努力以影响和争取下属的心。谁能够做到这一点，谁就能成为一位成功的领导者，而且能完成许多不可能完成的任务。

可见，从领导效能的观点看，我们不得不承认，魅力远胜过权力。优秀的领导才能，特别是个人的魅力或影响力，才能促进下属发挥最大潜力，让下属自愿跟随。

那么，提升魅力，领导者要从哪里入手，要注意哪些基本原则呢？

如果我们希望成为一位更具魅力的领导者，现在第一件要做的事情，就是赶紧培养一项吸引下属追随的超凡特质。要使下属追随，必须先懂得如何激发他们的追随动机。领导者做到下面四点，就会具有激发下属追随动机的魅力。

首先，领导者要让下属感到自己对领导而言是重要的。每个人都希望能受到重视，要设法让下属感到自身很重要，并竭尽所能满足他们的这种心理需求。

其次，领导者要推动自己的远见、目标，并说服下属相信你的目标是值得全心投入的。

再次，领导者还要记住：想要别人怎样待你，你就必须怎样对待别人。你想让别人追随你，你就要关心他们，公平地对待他们，将他们的福利放在心上。

最后，领导者要为自己的行为负责，也要为下属的行为负责，千万不要将责任推给别人。领导者要随时提醒自己："这是我的错，不能怪任何人。"

另外，培养和提升领导魅力，是要讲究方法和技巧的。当领

领导力
全项修炼

导者激发了下属的追随动机后，还必须切实做到下面三点，才能进一步展现令人慑服的魅力，有效吸引下属为之赴汤蹈火，永远跟随。

（1）扬善惩恶，是非分明。

（2）做一个前后一致的人。

（3）注意别人，也让别人注意你。

不过，提升魅力并不能一蹴而就，它需要一点一点地建立。因此，领导者塑造个人魅力，需要一步一个脚印。

距离产生威严

再伟大的人其实都是凡人，都有平庸琐碎的一面，要让人对你保持敬畏，最稳妥的办法就是只让人看到其应该看到的。

所以领导绝不会和下级整天称兄道弟。规矩一旦坏了，局面就难以收拾。

"近则庸，疏则威。"作为一个领导者，要善于把握与员工之间的远近亲疏，维护自己的权威，让自己的领导职能得以充分发挥其应有的作用。

作为领导，对员工应采取民主的方式，随时与他们交流、沟通，倾听他们的意见。也许你会非常器重某一位员工，但你们之间的关系应严格局限于良好的上下级关系中，不可超越等级距离。

从员工角度来看，每一名你所了解的员工，自身都会有别人不可跨越的界限。这种界限，是人们只有向最亲近的知己才会流露的隐私、内在的看法和感受。

作为一个领导，让员工信任固然重要，但是不能发展为过于亲密的关系。为此，领导者要掌握识别界限而不逾越的技巧。

每个人都有自己喜欢的人和不喜欢的人，但作为公正的领导者，不能掺入过多的感情到自己喜爱的员工身上。如果你在这些员工身上所花费的时间要多于自己不太喜欢的员工，就会对公司中的员工造成不良影响，员工间的相互倾轧、诋毁将不可避免。

如果领导过于疏远不喜欢的员工，会使他们丧失必要的信心与工作动力，严重损害他们的人格。长此以往，只会使员工丧失责任感和主动担当任务的精神，整个企业中会出现一种员工间相互推卸责任、相互倾轧的恶性循环。

关键在于，领导者要学会保持距离，让大家感到领导对待每个人都是一样的。

这种尺度不是由领导一个人决定的，它取决于员工们对现状的满意程度及对领导的认可程度。如果领导和员工的关系过于密切，员工们很容易有恃无恐，不把领导放在眼里；如果领导和员工的关系过于疏远，员工们很容易害怕沟通，使你远离他们的

领导力
全项修炼

世界。

　　因此，作为一个优秀的领导者，应该细致地观察自己与员工之间关系的细小变化，与员工保持适度的距离，更好地对员工进行管理。

第十三章

全局掌控能力修炼：
不谋全局者，不足谋一域

走出"盲人摸象"的误区

美国哥伦比亚大学教授默顿在《社会伦理与架构》一书中说："一件事情的发生，若由于错误的定义，则可促成一个错误行为变成事实。"只凭主观意识，看到事情的某一方面，最终必定会像盲人摸象一般，导致错误的结论。作为领导者，只有统筹兼顾，从全局着手，才能在复杂的情况下做出正确的决策。

日本协和发酵会社的社长加藤辨三郎就曾因轻率决策而导致经营决策出现了重大的失误。

当时，日本啤酒界广为人知的怪杰朝日啤酒社长山本为三郎对加藤说："用地瓜制造啤酒是一个新创举，你有没有兴趣？"而且他介绍这个构想源自东京农业大学教授助江金元，他已经研究了多年。这一专利权属于一家叫东洋啤酒公司的企业，东洋啤酒公司曾经打算把这个创意实行产业化，但不知什么原因而终告失败了。

山本为三郎社长进一步说，这项专利不见天日，实在可惜。他称自己曾想让朝日啤酒株式会社买入这项专利，然后投入生产，但遇到一些股东的反对，未能形成统一的决议，只好被拖延了下来。为此，他就向加藤推荐，并许诺如果加藤真的开发该项目，他的公司会提供支持。

听了山本为三郎这位啤酒行家的介绍，加藤觉得很有道理，认为他的构想非常不错：第一，以地瓜作为原料制造啤酒，成本低廉；第二，由于制造成本低，售价当然也低，这样竞争优势就强；第三，售价低和竞争力强，销路必然就好，那么效益必定也不错。

这3个结论，从理论上似乎都站得住脚。加藤认为用地瓜制造啤酒，根据日本酒税的规定，因为没有麦芽含量而税收大减，至于味道问题，加藤觉得日本各家啤酒公司的产品，味道大同小异，而德国生产的啤酒，群雄割据，各种牌子的啤酒都有其独特之处，它们都畅销无阻，这地瓜制造的啤酒自然也就不在话下了。

加藤经过上述的理论分析，再加上迷信老行家的说法，做出了决策，从东洋啤酒公司买下了专利权，接着投入生产。为了推出"地瓜啤酒"，加藤第一件事是为产品命名，经过反复思考后，他决定将其命名为"拉比"，"拉比"是法语，是"生命之泉"的意思，加藤觉得很好，既有意思，又易记。第二件事，就是全力投入生产，第一年生产了300万吨，第二年生产了近1000万吨。

经过两年的投资生产后，加藤发现问题严重了：第一，生产成本并没有设想的那么低廉，各方面的成本加起来，每瓶成本为75日元，比预计的每瓶50日元高了25日元。第二，由于成本不低，所以售价也没有多大的竞争力。当时其他名牌啤酒每瓶售价仅125日元，如果地瓜啤酒每瓶售价100日元，那么既没有竞争力，又没有多少利润可言。第三，命名"拉比"并没有加藤预想的那般好，当它在市场上出现后，一些消费者指出"拉比"的发音很像英文的"某种寄生虫"，所以众多人对"拉比"敬而远之。第四，尽管做了声势浩大的广告宣传和促销，但是销量却很小。据酒吧、餐馆的反映，从来没有人主动提出要喝"拉比"啤酒的。

从筹划到生产经营地瓜啤酒，最后到损失惨重而停止生产经营，共经历了3年多的时间，最后加藤不得不宣告失败了。这一决策导致加藤损失了设备投资费5亿日元，损失促销宣传费7.8亿日元，再加上其他一些费用，共损失了13亿日元，它使加藤20多年的资金积累损失殆尽。

把准大势，放眼长远

一个领导者的发展是否有潜力，关键要看领导者自己有没有眼光。所有行业的领导都有一个共性，就是用深邃的眼光找到成功的捷径，然后带领部属向着胜利的方向顺利前进。

克劳塞维茨在《战争论》中有一段非常著名的话："要在茫茫的黑暗中看到微光，带领着队伍走向胜利。战争打到一塌糊涂的时候，将领的作用是什么？就是要在茫茫黑暗中，用自己发出的微光带领队伍前进。"这段话说的就是优秀的将领必须具有深邃的战略眼光。其实，不仅仅是军队，任何行业的领导都是如此，必须眼光长远，能看清成功的道路该怎么走，然后带领下属向着胜利的方向前进。

杨元庆还在联想集团担任微机事业部负责人的时候，就已经表现出了不同于常人的战略眼光。当时的市场情况非常不好，国产微机大都溃不成军，然而在巨大的压力下，杨元庆没有丝毫慌乱，而是以一个指挥家应有的从容镇定，在"茫茫的黑暗中寻找微光"。

杨元庆对整个家用电脑市场进行详细分析之后，看出电脑市场正在向家庭渗透，越来越多的人希望能够把电脑搬回家，但当时中国老百姓的收入水平不高，而一些高档电脑的价格却出奇地昂贵。于是，杨元庆立志要做物美价廉的电脑，他将联想电脑定位为经济型电脑，以适应中国百姓的购买能力。为了尽可能地降低电脑成本，以达到廉价的目的，杨元庆不惜改变元件的供应链。他对供应商说："如果你给我的货不能又好又快又便宜，我就找别人。"后来他果然把价格昂贵的供应元件退回去不少，然后，杨元庆和技术人员想方设法降低成本，他让技术主将刘军再接再厉地缩减成本，刘军说所有的油水都挤得差不多了。杨元庆回答："不！还有！还有机箱！还有包装箱！还有包装箱里那些泡沫塑料！"最后出来的新机箱造价只有进口机箱的 1/8。就这样，在这场不见硝烟的战争中，联想成为最后的赢家。

领导力
全项修炼

"时势造英雄"，时势给每个人的机会都是相同的，但为什么最后总是只有极少数的几个人才能成为英雄呢？那是因为并不是每一个人都有长远的眼光，只有英雄才能识别时势。在领着下属做的同时，还能注意往前看。杨元庆就是凭着出色的战略眼光，一举成为联想的功臣，这也为其后来掌管联想的帅印奠定了坚实的基础。

　　1366 年 5 月，朱元璋受到陈友谅和张士诚对应天（今南京）的两面夹攻。双方血战之时，江北形势骤变。小明王韩林儿和刘福通派出的三支北伐军遭到元军反击而惨败。小明王退兵安丰后，张士诚却派大将吕珍围攻安丰，情况十分危急。小明王多次派人向朱元璋征兵解围。为此，朱元璋召开军事会议，讨论派兵解围问题，会上，众将一致反对派兵救援，就连军师刘伯温也坚决不同意。但朱元璋却力排众议，毅然派兵去救小明王。

　　朱元璋为什么愿冒这样的风险？因为他认为安丰是应天的屏障，安丰失守，自己的应天就暴露在敌方的攻击之下，救安丰就是保应天；至于小明王，他在红巾军和劳苦群众中影响最大，最有号召力，是一面旗帜。朱元璋尊小明王为主，打他的旗号，一来是利用小明王的影响，争取人心；二来是将元朝打击的矛头引向小明王，以便实现他的更大图谋。

　　事实证明，朱元璋的这一步棋走对了，他利用小明王的力量遮风挡雨，自己则在江南迅速发展势力。后来等到羽翼丰满的时候，朱元璋又面临着先打张士诚还是先打陈友谅的选择。

当时张士诚和陈友谅的势力都与朱元璋旗鼓相当，究竟先攻灭哪一方势力呢？朱元璋的许多下属看到张士诚的军事实力低于陈友谅，就建议先攻张，后打陈，但朱元璋却做出了与他们相反的判断。他认为张士诚缺乏进取心，陈友谅却习惯进攻，如果先攻打张士诚，陈友谅必然会全力来攻打自己，使自己腹背受敌，而如果先攻打陈友谅，依照张士诚的性格，肯定会犹豫不决，不会参与他们的战争。于是，朱元璋果断决定先打陈友谅。后来的形势发展果然与朱元璋所料不差，部下们都对他的判断佩服不已。

　　后来，朱元璋又根据不断变化的天下大势，制定出了"先取山东，撤其屏蔽；旋师河南，断其羽翼；拔潼关而守之，据其户槛……然后进兵元都"的一系列正确的战略决策。长远眼光是正确决策的保证，正确决策是事业成功的保证，朱元璋一路顺水顺风，在短短十六年的时间里，从社会最底层一跃成为开国皇帝。

　　眼光决定成败，领导者的"看"永远比"做"要重要。领导者应该学朱元璋，在做决策之前，别忘了先把准大势，先看到事物未来的发展方向，再指挥下属一起低头拉车，坚定不移地走下去，成功也就为时不远了。

领导力
全项修炼

好的领导总有新的目标

鸟无翅不能飞，人无志不成才。一个人必须为自己树立远大的理想，确立能够为之努力的目标，才会有所成就。但凡成功的人，没有一个是没有目标而盲目努力就能成功的。一个好的领导者，时刻都有为之努力的目标，当一个目标实现之后，另一个新的目标又出现了，就这样循序渐进，最终达到人生的成功境界。

一个领导者设立的目标要明确，不仅要将长期目标和短期目标相结合，还要懂得确立每一个工作阶段的目标，这是极其重要的。因为梦想要通过行动来完成，而行动需要目标做指引。好的领导不会忽略任何一个小目标，也不会让自己在某个阶段没有目标，在他们的工作日程上，永远都会有激励下属前行的希望——目标。

星巴克总裁霍华德·舒尔茨在《寻找美国最优秀的商业领袖》一书中指出："一个优秀的领袖应该对自己企业的未来有一个图景。领导者需要学会将心中对于未来发展的图景和那些希望与你共事的人分享，越具体越吸引人。当你工作时，公司未来发展的图景应该每天都在你的脑海里，而且随着时间的变换而发展。一个优秀的领导者会时时更新这个图景。这样，员工们才会感觉到他们与企业的未来休戚与共。"

没有伟大志向的人是不可能成功的。身为领导，如果不能确定自己的工作目标，没有工作志向，那么必定会被眼前鸡毛蒜皮的事情弄得头昏眼花，也必定会成为下属的笑柄。所以领导者要树立明确的目标，这是使团队沿着正确的方向稳步前进的必要条件。但目标定得要适当，必须是经过努力才能达到的，否则它不但无法起到相应的作用，还会对下属造成负面的打击，使他们失去信心。

孔子说："吾十有五而志于学，三十而立，四十而不惑，五十而知天命，六十而耳顺，七十而从心所欲，不逾矩。"孔子正是为自己人生的不同阶段都立下了不同的目标，并为之努力，终于成为我国知名的教育家、思想家，也成就了自己在弟子眼中好老师的完美形象。

在今天，孔子的学说和理论早已传到了世界各地，并被一些优秀的领导者奉之为管理经典，运用于管理工作之中。领导者也应像孔子一样，对自己工作的每一个阶段立下一个目标，让自己的领导生涯中总有新的目标，这样才不会在工作中迷失方向，才不会带领下属误入歧途，才会向既定的方向稳步前行。

网易领导人丁磊是个言出必行的人。他曾说过："其实当你的成果受到市场欢迎的时候，就说明你快要被别人超越了，而且别人怎样超越你，你永远也不会知道。既然如此，从成果出来的那一天起，你就只有自己否定自己，开发一个更新更好的产品，永远战战兢兢，永远如履薄冰。网易之所以有今天，就是不断地

领导力
全项修炼

在实现了一个目标以后又开始了新的征程。"他也用事实证明了，在网易，没有目标和计划的人是不会有立足之地的。

目标，是指引人不断前行的灯塔，它不但指引了人前进的方向，还为努力着的人增添了前进的动力。世界上没有哪一个成功的领导者不是从树立目标开始，通过努力实现它，然后又开始一个新目标的跋涉的。有目标才有动力，有了目标，下属才能尽力工作，领导者才能带领下属成就大业。

要能"走一步看三步"

只顾眼下，不顾后路的领导者，迟早会出问题。走一步能看三步，看清三步，再走下一步，这是一种使未来了然于胸的高瞻远瞩的眼界，也是一种成熟睿智的领导艺术。

美国前总统理查德·尼克松曾在《领导者》一书中写道："成功者一定要能够看到凡人所看不到的眼前利害以外的事情，需要有站在高山之巅极目远眺的眼力。"这句话非常清楚地指出了高明领导与平庸领导的区别在于看问题的眼光上。

平庸的领导者由于性格狭隘、学识肤浅等原因，看问题时视野有限，只看到眼前的事物，或者只看见事物的表象。工作的时候，总是边走边看，得过且过，唯上级的命令是从，缺乏主动性；处理问题时，也只能是头痛医头、脚痛医脚，只管解决眼前的问题，却不知从根本上解决问题。不仅劳心劳力，还总让自己陷入困境走不出去，最终被淘汰出局。而高明的领导者则能高瞻远瞩，放眼未来，放眼世界，能看透事物的本质，准确把握时代脉搏，预测事物的发展方向。这样的领导者工作起来就会游刃有余，如鱼得水。

鲁肃最初投奔孙权时，孙权在与之交谈后，对鲁肃的为人及见识颇为满意，当其他宾客告退时，孙权又单独留下鲁肃，同他对饮，并秘密商议时局大事。密谈中，鲁肃为孙权提出了未来发展的对策，这就是著名的《榻上策》。鲁肃说："汉室是没有希望复兴的了，曹操也是一时半会儿除不掉的，因此，作为将军的您只有立足于江东来观察天下局势的变化。目前要趁北方混战多事的良机，向西进军，消灭黄祖，攻打刘表，将整个长江流域都据为己有。到那时，将军就可以建立国号称帝，然后力图夺取天下。这正是当年汉高帝缔造的大业啊！"

现在很多人都对《隆中对》几乎顶礼膜拜，然而事实上《隆中对》不过是《榻上策》的修订版而已："曹操不可卒除"与"此诚不可与争锋"；"以观天下之衅"与"若天下有变"；"鼎足江东"与"保其岩阻"；"建号帝王以图天下，此高帝之业也"与"霸业可成，汉室可兴矣"，后者无一不是对前者换一种方式的再诠释。

《榻上策》比《隆中对》高明之处在于，它明确地看到了"汉

领导力
全项修炼

室不可复兴"的发展趋势。要知道，这一论断是在汉室当时仍有一定影响力的建安六年（201 年）说出来的，再看八年之后诸葛亮还信心百倍地在说"汉室可兴"，鲁肃的战略眼光由此可见一斑。后来东吴政权的建立和扩大，正是执行了这一正确的战略决策的结果。

领导者作为团队的指引者，应该开阔视野，放远眼光，如果鼠目寸光，工作起来就会缺乏系统性与可持续性，难以将工作做好。领导做工作之所以顺水顺风，就在于他们能完全预见未来的发展趋势，能一眼洞察事物的本来面目，能准确辨别团队的前进方向，高瞻远瞩、审时度势，在着眼全局、着眼未来的大背景下去思考问题、谋划策略、领导下属、开展工作。

坐在指挥的位置上，如果什么也看不见，就不能叫领导；坐在指挥的位置上，只看见地平线上已经出现的东西，那是平庸的领导；只有当清晨第一缕阳光刚刚露出海平线的时候，就能看出未来会出现的大趋势，才是好领导。走一步能看清三步，看清三步，再走下一步，这是一种使未来了然于胸的高瞻远瞩的眼界，也是一种成熟睿智的领导艺术。有如此战略眼光的领导者才是企业最需要的领导。

不管大局，最终只有"出局"

领导者工作过程中最忌讳的就是鲁莽行事、只顾眼前而不顾未来。正所谓"运筹帷幄之中，决胜千里之外"。做任何事情之前，都应从全局出发，考虑到方方面面和所有可能出现的后果，然后把计划和步骤全都考虑清楚，再去执行，这样才能避免失败的发生。置身于领导者的位子上，个人的失误不仅会给自己造成不良影响，还会给自己的下属甚至整个企业带来损失。所以领导者一定要从大处着眼，从全局出发看待问题，才不会被判"出局"。

领导者要顾全大局，有总揽全局的能力，遇事冷静，不要一有问题就自己先乱了阵脚，这样只会给下属造成更大的压力，让他们感到不安。

领导学家查尔斯·汉迪认为，所谓把握全局，指的是领导者有计划、有步骤、妥善而又完整地把握工作的全过程，并运用灵活机动和切实有效的领导方法，带领下属去完成计划的一种能力。对于领导者而言，把握全局既是他最重要的工作方法之一，也是他工作的灵魂和核心，更是他必须具备的职业素质。

一个领导者，想要带好一个团队确实不容易，因为团队本身就是由各种性格的下属组成的，大家的经历、年龄、爱好和性别等存在着很大的差异，而且下属在不同的任务和工作岗位上又会

领导力
全项修炼

产生不同的需求。在这种特定的环境中，如果领导者没有清醒的头脑和灵活机动的处事方法，以及丰富的经验和把握全局的能力，是很难将领导工作做好的。

查尔斯·汉迪在他的著作中明确指出："作为一个领导者，总是希望下属能够在他的带领下步调一致，但往往事与愿违。这是因为在一个团队中，所有的人各有所需，虽然大家彼此认识，而且同属一个组织工作，但毕竟存在经历、层次和修养等不同的特点，再加上家庭背景的不同和生活条件的不一致，因此，在工作的过程中，难免会出现下属之间的利益冲突。领导者应该努力使下属在完成任务的前提下尽量满足他们合理而又可能的要求，而不应该有意或无意地去伤害一些下属的自尊心。防止矛盾冲突发生，最为恰当的办法莫过于事先把工作做得尽善尽美。"

其办法是尽量使整个团队始终保持在一定的范围内工作，使得既能管住'面'，又能抓住'点'，既管大，又抓小，有机结合。所谓'管大抓小'，是指领导者正确处理下属间的利益关系，同时又要把两者关系尽量圆满解决。比如，从全局的角度出发，把问题想清楚。"

可见，作为一个组织的核心人物，领导者把握全局的能力是否恰当、充实，都会影响下属的情绪和心理活动，继而影响工作成绩。领导者只有在做任何事情之前，都从全局出发，才能稳定人心、带好团队。

第十四章／

危机处置能力修炼：
处变不惊，化『危』为『机』

任何企业都有可能遇到危机

在企业的经营过程中，随时有可能出现危机。有资料显示，在整个 20 世纪 80 年代，《财富》500 强中有 230 家企业（占总数的 46%）消失了。而 19 世纪最大的 100 家公司，到 20 世纪结束的时候，只有 16 家仍然存在。在美国，新创立的公司有 20%完全失败，60%受到挫折，只有 20%能够成功。在日本，《调查日报》也曾对新创公司进行过统计，成功率也只占11%～12%。《中国企业家》杂志的一篇文章说，中国 78% 的企业倒闭都是危机带来的。

上述数据直接体现出新生企业的脆弱，更反映出商海莫测，危机四伏。被危机缠身的不只是脆弱的小企业，有时候连大企业也无法避免。

古人云："智者千虑，必有一失。"在市场经济体制下，每一家企业都力图追求效益最大化，没有一家企业愿意陷入危机。然而，事情的变化往往不以人们的主观意志为转移。以下的事例不能不让人咋舌。曾为美国最大的电力、天然气销售和交易商——安然公司，在全美乃至全球能源商品交易市场上举足轻重，因为危机事件，几乎一夜之间垮台，同时牵连了在咨询业中占据着重要地位的安达信公司，安达信从此在全球会计师事务所排行榜上消失，退出舞台。遭遇危机而破产的国际著名企业远不止一两家，美国两大汽车制造商克莱斯勒和通用汽车在2008年先后宣布破产、美国第四大投资银行雷曼兄弟公司破产、拥有一百多年历史的美国商业贷款机构CIT集团申请破产保护。

市场经济的发展决定了企业在任何阶段都要面临突发的新形势、新问题，若处理不当，轻则给企业带来损失，破坏企业的公众形象，重则使企业陷入困境不能自拔。

现实不断证明，危机无处不在、无时不在。如何防范危机、如何化解危机，将会成为每个企业领导者必要的研究课题。

必须具备一定的应变能力

出色的应变能力是优秀企业管理者的重要特质之一。一旦企业遭遇危机，面对各种不利的局面，不同的管理者会有不同的表现，有的可能惊慌失措，不知如何是好；有的可能会直接借鉴历史案例；有的则可能照搬预定的危机管理方案而不考虑实际情况。但最后的效果可能打折或者更不乐观。危机事件的处理是严肃的管理问题，管理者作为企业运营的中心，更要注重具体问题具体

领导力
全项修炼

分析。现实社会中，一切都处在变的状态下，管理者更要学会泰山崩于前而面不改色，以不变应万变。管理者具备良好的应变素质，不仅是个人领导魅力的体现，而且会给企业带来直接的经济效益。

麦考梅克公司是美国的一家企业，由 W. 麦考梅克创办。W. 麦考梅克个性豪放、重义气，公司成立之初，发展速度很快，但是后来，业绩下降，他吸取很多大型公司裁员减薪的经验，企图使公司重获生机，然而努力失效，企业面临破产倒闭的严重情形。

W. 麦考梅克不久因病去世，由 C. 麦考梅克担任总裁。新总裁下定决心使企业重振雄风，他深入研究后发现，公司之所以陷入危机，是因为员工缺乏积极性，他们对公司的前途缺乏信心，他们认为无论自己如何努力，公司也是要破产的。这种失败感被裁员减薪的做法所强化。C. 麦考梅克认为当下最重要的工作就是让员工振作起来，为自己和公司的前途奋斗。

于是，他向全体员工宣布：自本月起，每位员工的薪金都增加 10%，并且缩短工时。这个决定让员工觉得既惊喜，又不可思议。新总裁解释道，现在公司的生死存亡都落到诸位肩上了，希望大家协力渡过难关。一年后，公司扭亏为盈，成为国际有名的大公司。

在危机面前，面不改色，镇定从容，认清形势，是一个管理者应具备的基本品质。认清形势，才能做出正确的计划和应变措施，这对接下来的情形逆转有着不可估量的作用。良好的应变能力包括：

1. 敏锐的洞察能力

正确地发现和提出问题，是成功解决问题的一半。管理者要拥有高于常人的洞察力，看到别人看不到的地方。

2. 准确的判断能力

准确的判断能力是应变能力的基础，需要管理者掌握大量的信息、丰富的知识积累，在准确理解问题的基础上，把握事件发展的趋势。

3. 敏捷的反应能力

敏捷的反应能力是指人在思维过程中，当机立断和及时解决问题的能力，这种能力是应变的基本功。敏捷的反应不仅讲时间，也要讲适时和时机。多数情况下，解决问题不止由速度决定，还要看"适时"和"时机"。

4. 科学的思维能力

科学的思维能力是指管理者运用现代科学思维方法和手段，正确认识领导活动的特点和规律，形成科学的领导决策，合理高效地实现领导目标的过程。

5. 超强的决断能力

优柔寡断、患得患失、瞻前顾后、举棋不定这些表现都会导致决策的失误，而超前的决断能力意味着杜绝这些现象的发生。

6. 巧妙的借"势"能力

顺应时势，就是管理者依据客观情况的发展和变化，顺乎客

领导力
全项修炼

观规律和时代的发展趋势。认清现实中的有利条件和不利条件，明确企业位置、机会和威胁等要素，顺势导利。

7. 超常的镇定能力

管理者的处变不惊来自其良好的心理品质，如果在紧要关头表现得惊慌失措，那么理智的思考、正确的判断和合理的部署就将无法进行。

通常，管理者泰山崩于前而面不改色的能力可以通过以下途径获得：

（1）提高自身素质。包括社会适应能力、社会认知能力和心理承受能力。素质好，应变能力才会强。知识渊博、经验丰富、智慧过人，才能对突发事件做出迅速而灵敏的反应，妥善处理事件。

（2）学习各种应变的方法和技巧，并根据问题、情况的不同，灵活运用应变方法和技巧。

（3）勇于实践。对管理者来说，只有拥有应变能力，才能妥善处理危机。应变能力的获得，不是一蹴而就。这需要管理者重视日常经验的学习和累积，勤于修炼，只有这样的管理者才能让面临危难的企业转危为安。

居安思危，防患于未然

　　企业产生危机的原因往往是多种多样的，并具有很大的偶然性和随机性，它可能在某一天因某件事或某个人引发。但是，危机的产生却有一个从"准备期"到"爆发期"的变化过程。也就是说，任何危机的发生都有预兆性。正所谓"冰冻三尺非一日之寒"，如果管理者有敏锐的洞察力，能根据日常收集到的各方面信息，预测到可能面临的危机，并及时做好预警工作，采取有效的防范措施，就完全可以避免危机的发生或降低危机的损害和影响。因此，预防危机是危机管理的起点。管理者要想防患于未然，就必须做到以下几点：

　　1.树立积极的危机意识

　　对于管理者而言，妥善处理危机，首先要对企业危机有透彻而深入的认识，然后树立起危机意识。比尔·盖茨的警言"微软离破产永远只有18个月"；张瑞敏说"我每天的心情都是如履薄冰，如临深渊"；任正非说"华为总会有冬天，准备好棉衣，比不准备好"……这些优秀企业领袖的危机观点，都传达出一个信息：危机意识的树立绝对不容忽视。

　　2.预防是解决危机最有效的方法

　　对于企业而言，预防危机的难度在于危机的先兆可能很小，

领导力
全项修炼

不容易被人们忽略，也可能由于其出现的频率很高，以致麻痹了决策者的神经，还可能是危机从出现先兆到爆发相隔的时间极短，令企业无暇顾及。预防危机要从企业创办的那一天起就着手进行，伴随企业的经营而长期坚持。倘若等到危机出现时才想应对之策，或把应对危机当作一种临时性措施和权宜之计，就太不明智了。当代管理革命已经公认，有效的组织现在已不强调"有反应能力"，而强调"超前管理"。

3. 成立专门的危机管理小组

危机管理小组需包括企业主要管理者、公关、安全、生产、后勤、人事、销售等部门的人员，因为这些人对企业具有控制能力，可以很快做出决策并使其有效执行。危机管理小组应该成为企业的常设机构。小组的管理者必须由企业资深人士担任，并且能够控制和带动整个小组，但这个人不一定是总裁。同时，危机小组成员中最好包括法律顾问和与政府、新闻界关系较好的成员。

4. 找出潜在危机并评估其可能造成的风险和影响

在企业内部定期进行运营危机与风险分析，针对目前企业运营的各层面，包括生产、制造、服务、品牌、销售、投融资等各个环节进行分门别类的危机分析。风险和影响的评估应从每个单独的对象群体来考虑，包括对内对外。

5. 依据潜在危机拟定危机管理计划

针对每一个对象群可能引发的每一种潜在危机拟定不同的计划，并提炼为一本《危机处理手册》。当然，手册中所有指导方案都应在法律范围之内，并有相当的运作弹性。

6. 对计划进行模拟训练

企业需不定期举行针对不同危机爆发的模拟训练。一个企业是否真正具有快速危机处理的能力，实践是最好的检验方式。成熟的企业之所以有良好的危机处理能力，与其平时进行的危机模拟训练是分不开的。逼真的演练可以测试和检验所拟定的危机处理计划是否可行。

7. 为处理危机广结善缘

在分析完各种可能带来危机的环节和对象后，管理者可能已经发现谁会是你的潜在敌人、你需要什么样的朋友和后盾。所以，分析出特定对象群之后，就应该开始和它们建立关系。把握时机，从现在就开始广结善缘。包括：政府、司法机构、新闻媒体、同行、相关科研机构、银行、保险公司、医院等。

8. 做好危机传播方案，控制不利报道可能引发的风险

首先，确定公司的发言人（包括总裁）接受过专业训练。发言人必须有在任何情况下与任何媒体打交道的心理准备，因此他们必须接受训练，了解媒体的运作和属性。

其次，正确地对待和利用媒体。公关专家认为，危机中传播失误所造成的真空，会很快被颠倒黑白、胡说八道的流言所占据，"无可奉告"的答复尤其会产生此类问题。因此，有效的传播管理也是对危机进行有效管理的基础。

企业为以防万一而建立各种未雨绸缪的措施，绝对不是一朝

领导力
全项修炼

一夕的事情。居安思危，防患于未然，体现的不仅仅是管理者经营理念的完善，更是企业对自身奋斗成果的一种应尽的责任。聪明的管理者总会在春风得意的时候，不忘备足过冬的棉衣，防患于未然。拿一个比喻来形容，居安思危的措施如同守着金币的保险柜，发挥着重要的作用，但是现实中却依然存在一些企业预防措施空白的现象，一旦危机来临，企业管理者又疲于应对，结果只能是给企业造成重大损失。

图书在版编目 (CIP) 数据

领导力全项修炼 / 廉勇著 . -- 北京 : 中国华侨出
版社 , 2020.1（2024.1 重印）
ISBN 978-7-5113-8098-2

Ⅰ . ①领… Ⅱ . ①廉… Ⅲ . ①领导学 Ⅳ . ① C933

中国版本图书馆 CIP 数据核字（2019）第 283335 号

领导力全项修炼

著　　者：廉　勇
责任编辑：唐崇杰
封面设计：冬　凡
美术编辑：刘欣梅
经　　销：新华书店
开　　本：880mm×1230mm　1/32　印张：6　字数：135 千字
印　　刷：三河市众誉天成印务有限公司
版　　次：2020 年 6 月第 1 版
印　　次：2024 年 1 月第 3 次印刷
书　　号：ISBN 978-7-5113-8098-2
定　　价：35.00 元

中国华侨出版社　北京市朝阳区西坝河东里 77 号楼底商 5 号　邮编：100028
发 行 部：（010）88893001　　　传　真：（010）62707370

如果发现印装质量问题，影响阅读，请与印刷厂联系调换。